和知 徹シェフの
ワールド・ビストロ料理

銀座 マルディ グラのストウブ・レシピ

和知 徹 Toru Wachi

この本の決まりごと
※大さじ1＝15ml、小さじ1＝5mlです。
※オリーブオイルと表記してあるものは、エキストラヴァージンオリーブオイルを指します。
※レシピで特にことわりがない限り、野菜を洗う、皮をむく、へたを取るなどの基本的な下処理は省略しています。
※本書で使用したストウブ鍋の種類とサイズは、各レシピに記載しています。
※Part 1の各レシピに記載している加熱時間のマークは、肉の下焼きなどの時間は省き、煮込みにかかる時間など、おおよそのものです。詳しくは各レシピの手順に記載している時間を参考にしてください。また、Part 2の各レシピには、あえて加熱時間のマークを記載していません。内容もステップアップし、時間だけにとらわれず、状態をみて判断する感覚も大切だからです。
※その他、よく使う調味料やだしについての説明はP44を参照してください。

1974年、フランス・アルザスで誕生したストウブの鍋は、
創業者である、フランシス・ストウブと、
ポール・ボキューズ氏ら、名だたるシェフたちとの共同開発で生まれました。
一つ一つ、職人の手作業でつくられる、どっしりとした鋳鉄の鍋は、
煮込み料理はもちろん、蒸したり、炒めたり、
分厚いステーキだってお手の物。
すっきりとしたフォルムと実用性の高さで、
世界中のプロの料理人たちから、絶大な支持を得ています。

本書の料理はこの3種の鍋、ピコ・ココット ラウンド（La Cocotte Round）、ピコ・ココット オーバル（La Cocotte Oval）、ブレイザー（Braiser）の大きなサイズを中心に使いました。各レシピには使用鍋とサイズをマークで表記してあります。ストウブについての詳しい説明はP126～127を参照してください。

Part1

調理法別にレッスン
ストウブだからおいしい

和知流
シンプル・クッキング

ストウブの鍋でできることは、たくさんあります。
まずは、身近な野菜をじっくりと蒸し焼きにすることから始めてみてください。
長ねぎが、にんじんが、それだけでどうしてこんなにおいしくなるのか、
ストウブの特性を実感できるはずです。
野菜の蒸し焼き、肉のソテーから、
ゆでる・軽く煮る・じっくり煮込む、揚げ物まで調理法別に、
ストウブと仲良くなるための、基本的なテクニックをレッスンします。

Lesson 1

BRAISER
ブレゼ

シンプル野菜をじっくり蒸し焼き

蓋をしてゆっくり、じっくりと蒸し焼きにしながら、
素材が持つ水分を引き出し、
潤いを与えつつ加熱することで旨味も凝縮するのが、ブレゼ。
ストウブ鍋の真価をいちばんに発揮するのが、この調理法です。
キッチンにあるいつもの野菜が、
びっくりするほどおいしくなりますよ。

長ねぎのブレゼ

Ciboules braisées

Oval 27cm

スペインに、カルソッツという、ねぎを炭火で真っ黒に焼いてトロトロの甘い中身を食べる料理がありますが、ここでは日本のおいしい長ねぎを使って、こんがり焼けた香ばしさごと味わいましょう。長ねぎはできるだけ太いものを選んで。下仁田ねぎもいいですね。

【材料】つくりやすい分量
長ねぎ（太いもの）……2本
オリーブオイル……大さじ2
塩、粗挽き黒胡椒……各適量

加熱時間 20 分

1—— 長ねぎはよく洗って、青い葉の隙間に入り込んだ泥を落とす。鍋の長径に合わせて切り、重ならないようにして鍋に敷き詰める。長さが半端なものは隙間に立てて並べるとよい。

2—— 上からオリーブオイルを回しかけ、強めの中火にかける。長ねぎがオイルを吸ってしまうので多めに、長ねぎ1本に対して大さじ1が目安。

3—— 鍋が温まり、ジワジワと音がしてオイルの香りが立ってきたら、蓋をして中火にする。しばらくして、パチパチとはぜる音が聞こえてきたら弱火に。これは、長ねぎから出た水分が蒸気となり、蓋裏のピコ（突起）を通してまた水分となって落ち、オイルに当たってはぜる音。ここで蓋を開けずに、ぐっと我慢。

4—— パチパチし始めてから6分ほどすると、蓋の隙間から蒸気とともに、いい香りが漂ってくる。ここで蓋を開け、ねぎの上下を返す。ねぎ自身の糖分で、こんがりといい色がつき始めている。蓋に溜まった水分は、鍋のなかに戻してあげよう。

5—— 蓋をして、さらに6分ほど弱火で加熱する。ねぎの水分が抜けたことで、パチパチが収まり、ジリジリとした音に。蓋を開け、火のあたり具合を見ながら、ねぎを移動させ、全体に焼き色をつけるようにする。

6—— 鍋を火にかけてから、トータル20分ほどで完成。トングで挟むと、くったりと柔らかく、ねぎの中心部までトロトロになっているのがわかる。器に盛りつけ、塩と粗挽きの黒胡椒を振る。

野菜がおいしい ブレゼのヴァリエーション

Round 24 cm

にんじん

Carottes braisées

【材料】 つくりやすい分量

にんじん……大２本（700g）

バター（食塩不使用）……80g

塩……小さじ１弱

加熱時間 20 分

1—— にんじんは皮をむいて厚さ 1.5㎝の輪切りにする。

2—— 1を鍋に並べて全体に塩を振って、細かく切ったバターを散らし、蓋をして中火にかける。

3—— ５分ほど加熱して、鍋が十分に温まり、バターが溶けてジュクジュクという音が聞こえてきたら、蓋を開けてにんじんの上下を返す。

4—— 再び蓋をして中火で加熱する。にんじんの角が取れ、串がスッと刺さるようになったら火からおろす。

れんこん

Racines de Lotus braisées

【材料】 つくりやすい分量

れんこん……中２節（500g）

オリーブオイル……100ml

塩、黒胡椒……各適量

加熱時間 15 分

1—— れんこんは皮付きのまま、厚さ４㎝の輪切りにする。

2—— 1を鍋に重ならないように並べ、オリーブオイルを回しかけ、蓋をして中火にかける。

3—— 10分ほど加熱したら、蓋を開けて様子を見る。れんこんの穴からオリーブオイルがプクプクと上がっていたら、８割がた火が通った合図。こんがりと焼き色のついたものから返していく。

4—— 再び蓋をして加熱。ほとんど火は通っているので、もう片面も焼き色がつけば完成。
仕上げに塩と黒胡椒を振る。

野菜に合わせて加熱の仕方や塩を振るタイミングも変わります。オリーブオイル、バターの量に驚かれるかもしれませんが、ここは思い切って使ってみてください。一味違いますよ。

Oval 27cm

かぶ

Navets braisés

【材料】つくりやすい分量

かぶ……450g
バター（食塩不使用）……80g
塩……小さじ1

加熱時間 15 分

1—— かぶは茎を3㎝ほど残して切り、洗いながら竹串などで隙間に入った泥を落とし、皮付きのまま半分に切る。

2—— 1を鍋に並べて全体に塩を振り、細かく切ったバターを散らしたら、蓋をして中火にかける。

3—— 7〜8分ほど加熱したら蓋を開け、軽く焼き色のついたものから上下を返す。

4—— 再び蓋をして5分ほど加熱。もう火は通っているので、全体にこんがりといい色がついたら火を止める。

ほうれん草

Épinards braisés

【材料】つくりやすい分量

ほうれん草……350g
にんにく……1片
バター（食塩不使用）……40g
塩、黒胡椒……各適量

加熱時間 5 分

1—— ほうれん草は軸の部分に入り込んだ泥をよく洗い落とし、葉、茎、軸とざっくり3等分に切り分ける。にんにくは皮をむいて半分に切り、芯を取る。

2—— 鍋に1のにんにくとバターを入れて強めの中火にかける。茶色く色づき、焦がしバターの状態になったら、ほうれん草の軸を入れて蓋をする。

3—— 15秒ほどおいて、少しクタッとしたら全体を平たくならして数秒ほど焼き付けるように加熱。全体を返したら、次に茎の部分を入れて蓋をする。

4—— 10秒ほどおいてから、蓋をとって全体を混ぜ、残りの葉の部分を入れて蓋をする。10秒ほどしてから蓋をとり、しなっとしたら全体を混ぜる。火加減は終始強めの中火にすることで余計な水分が出ずベチャッとしない。仕上げに塩、黒胡椒を振り、ざっくりと混ぜる。

いろいろ野菜のごちそうブレゼ

Légumes braisés

Oval 27cm

野菜の種類を増やして、ベーコンやハーブなどでアクセントをつけると、野菜中心でもぐっと食べごたえのある一品になります。

【材料】つくりやすい分量

菜の花、プチヴェール、いんげん、ポロねぎ、かぶ、姫かぶ、黄かぶ、赤大根など……合わせて700g
にんにく……大1片
ベーコン……50g
タイム（生）……10本
オリーブオイル……大さじ1
塩、黒胡椒……各適量

※野菜は葉ものと根菜を中心に好みのものを。菜の花などアブラナ科の野菜、かぶ、大根などは特においしい。

加熱時間 30分

1—— 野菜類は食べやすい長さ、大きさに切る。にんにくは皮をむいて半分に切り、芯を取る。ベーコンは1.5㎝幅に切る。

2—— 鍋にオリーブオイル、にんにく、ベーコンを入れて中火にかける。にんにくとベーコンの香りが立ってきたら、まず根菜類を入れる。

3—— 軽く塩、黒胡椒を振り、全体をざっくりとほぐしながら炒めたら（写真a）、にんにくとベーコンが焦げ付かないよう、野菜の上に上げる。

4—— 3の上に残りの葉野菜とポロねぎ、タイムをのせ（b）、軽く塩、黒胡椒を振り、蓋をする。

5—— そのまま7〜8分ほど加熱したところで、様子をみる。鍋いっぱいだった野菜のかさが8割ほどに減ったら、ざっくりと上下を返す（c）。

6—— 再び蓋をして15分ほど加熱。いじらずに、じっくりと蒸し焼きにすることでベチャッとせずに仕上がる。味をみて、塩、黒胡椒で調える。

a

b

c

パプリカのファルシ

Poivrons farcis

Round 24 cm

詰め物はたっぷりのマッシュルーム。チーズも入るので、挽き肉を使わなくても十分に満足感が味わえます。ワインのおつまみにいかがですか。

【材料】つくりやすい分量
パプリカ（赤、黄）……各1個
ブラウンマッシュルーム
（白でも可）……400g
赤玉ねぎ……1/4個
にんにく……1片
食パン（8枚切り）……1枚
牛乳……40ml
グリュイエールチーズ……100g
オリーブオイル……大さじ2
片栗粉……適量
塩……適量

加熱時間 15 分

1—— パプリカは縦半分に切り、種を取る。マッシュルームは軸についた汚れを拭き取り、半分に切る。赤玉ねぎはざく切りに、にんにくは皮をむいて半分に切り、芯を取る。食パンは耳をつけたまま適当な大きさにちぎり、牛乳に浸しておく。

2—— フードプロセッサーに1のにんにく、赤玉ねぎを入れて回し、みじん切りにしたところへ、マッシュルームを入れてさらに回す。牛乳に浸した食パン、細かく切ったグリュイエールチーズ、塩少々も入れて回し、ペースト状にする（写真 a）。

3—— 1のパプリカの内側に軽く塩を振り、片栗粉を薄くはたく。2を4等分にしてパプリカの中に詰める（b）。

4—— 鍋にオリーブオイルを引いて中火にかけ、オイルの香りが立ったら3のパプリカを断面を下にして入れる。蓋をして、断面が焼き固まるまで5分ほど加熱する。

5—— パプリカの上下を返して蓋をし、弱火で10分ほどかけて、じっくりと蒸し焼きにする。

a

b

野菜＋肉でメインの料理に

骨付き鶏もも肉とカリフラワーのブレゼ

Cuisse de volaille aux chou-fleurs

Round 24 cm

加熱時間 25 分

香ばしく焼いた鶏肉のパリッとした食感と、甘いカリフラワーは絶妙な組み合わせ。それぞれのおいしさが味わえるタイミングで仕上げていますが、加熱時間をもっと長くして、くたくたにしても。

【材料】つくりやすい分量

骨付き鶏もも肉……4本（750g）
カリフラワー……大1/2株（300g）
にんにく……1片
フェンネルシード……大さじ1
バター（食塩不使用）……30g
オリーブオイル……大さじ1
塩、黒胡椒……各適量
イタリアンパセリ……適量

1—— 鶏もも肉は関節部分に包丁を入れて半分に切り（写真 a）、塩5gと黒胡椒をまぶしておく。カリフラワーは鶏肉と同程度の大きめの房に分ける。にんにくは皮をむいて押しつぶす。

2—— 鍋にバターとオリーブオイル、にんにくを入れて中火にかけ、香りが立ってきたら鶏肉を皮目を下にして並べる。そのまま蓋をせずに5～7分、皮目にしっかりと濃い焼き色がつくまで焼く（b）。

3—— 2の鶏肉を鍋の端に寄せ、空いたところへカリフラワーを入れて、フェンネルシードを振りかける（c）。

4—— 鶏肉をカリフラワーの上にのせ、鶏肉から出てくる肉汁をカリフラワーに吸わせるようにする。蓋をして強めの中火にし、鍋中が完全に温まり蒸気が上がってきたら弱火にする。

5—— このまま15分ほど加熱。途中、焦げ付かないように開けて様子をみる。このとき、蓋に溜まった水滴は鍋の中に戻してあげるといい。鶏肉には下味がついているので、カリフラワーの味をみて、好みで塩を振り完成。イタリアンパセリを散らす。

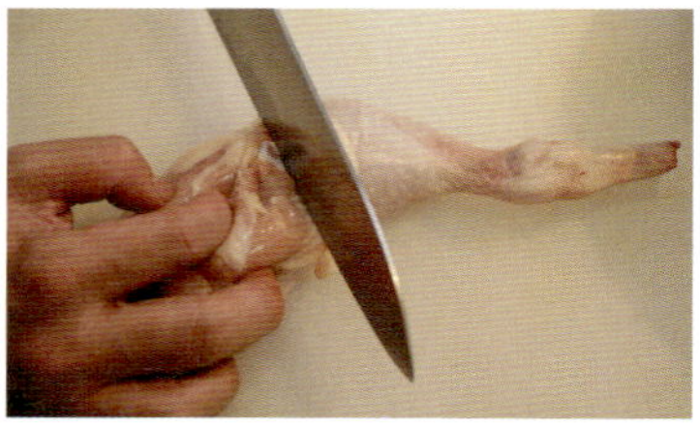

a

b

c

Lesson 2

SAUTER
ソテー

和知流、ストウブで肉焼きレッスン！

フライパンよりも深さのあるソテーパンを使い、
バターやオイルで素材を炒めたり焼いたりするのがソテー。
ここではストウブのブレイザーを使って、
豪快な肉焼きにチャレンジしましょう。
上手に焼けば、塩と胡椒だけのシンプルな味付けで十分。
肉を喰らう喜びが味わえます。

肉を焼く前に
覚えておきたい和知メソッド

塩の量と焼き時間のこと

肉に対する、ちょうどよい塩の量や、焼き時間を数値化するのは、素材による個体差もあるので非常に難しいものです。プロは、そこを感覚で細かく調節するのですが、ここでは、おおよその目安として、塩の量と焼き時間を明記しています。

まず、塩の量。牛の赤身肉（サシの入らないアメリカやオーストラリア産）は、肉の重さに対して塩は１%にすると、強過ぎず、弱過ぎず、そのまま食べてちょうどいい味加減です。食べてみて足りない場合は、適宜、粗塩などを添えてください。

豚肉、鶏肉など淡白な白身の肉は、少し控えめの 0.9%。ラムは赤身と同様ですが、ここでは厚みのないラムチョップを使用するので、0.9%にしました。ハンバーグは玉ねぎや卵なども入るので、少し多めの 1.2%です。

次に、焼き時間。牛の赤身肉は片面につき、肉100g＝１分を目安にしました。ステーキ 500g なら、片面 ５ 分、ひっくり返して ５ 分です。ただ、同じグラムでも判が小さく、その分、厚みがあるもの、その逆に大判で薄い肉もあるので、その場合は、焼き時間よりも火加減で調節します。厚みのある肉は、火加減をこのレシピよりきもち弱めにし、返したあとも蓋をして焼きます。薄い肉の場合は、両面とも蓋をせずに。豚肉や鶏肉の場合は、牛肉と違い、しっかりと火を通したいのと、赤い肉よりも白い肉のほうが脂の融点が高い分、もう少し時間がかかります。

いずれの場合も、冷蔵庫から出したての肉を使った場合です。季節により室温も違うので、室温にもどすより、むしろこのほうが肉の温度が一定な分、焼き加減にムラが出にくくなります。これも、熱伝導がよく、保温性の高いストウブを使えばこそです。

牛赤身のステーキ

Entrecôte sautée

Braiser 24cm

レストランで食べるような分厚い赤身のステーキも、コツさえつかめば、家で上手に焼くことができます。このサイズになると、プロはフライパンとオーブンを併用しながら焼きますが、ストウブなら、蓋と鍋の側面から全方位で熱が伝わるので、最初から最後まで直火での調理が可能です。

【材料】つくりやすい分量
牛リブロース肉……1枚（500g）
ラード……少々
オリーブオイル……大さじ1
塩……5g（肉の重さの1%）
黒胡椒……適量

※つけあわせのトスカーナ・フライド・ポテトのレシピは、P39参照

加熱時間 12 分

1—— 肉は冷蔵庫から出したてを使う。全体に塩、たっぷりの黒胡椒をまんべんなくまぶしつける。受け皿に落ちた塩と胡椒は肉の側面でぬぐい、量った分量をしっかりとつけること。

2—— 鍋にオリーブオイルと、香り付けのラードを入れて中火にかける。油の香りが立ってきたら肉の脂身を下にし、立てて焼く。肉が自立できないときは、鍋の側面に立てかけてもいい。

3—— 脂身を焼く間に、鍋もしっかりと温まってくる。薄いきつね色に焼き色がついたら肉を倒し、蓋をして5分ほど焼く。この間、肉から出た水分が油と反応して、バチバチとはぜる音が聞こえてくる。

4—— 5分経ったら、金串を刺して火の入り具合を確かめる。まだ中心までは温まっておらず、金串を刺したところからは、濁った肉汁が出てくる。

5—— 肉を裏返し、もう片面は蓋をせずに5分ほど焼く。火加減は強めの中火をキープ。ここで再度、金串を刺して確認。下唇に当て、温かさを感じれば、中心まで加熱できている。金串を刺したところからは、透明の肉汁が溢れてくる。火を止めて、すぐに皿に盛れば、肉はレアの状態。ミディアムレアなら、火を止めた鍋にそのまま3分ほどおく。余熱で好みの焼き加減を調整できる。

牛肉の選び方

ここで使用したのは、サシの入らないアメリカ産のリブロース。肩ロースとサーロインの間にある大判の部位で、適度に脂身もついています。500gで厚みは3.5cmほど。サーロインでもよいですが、リブロースよりも判が小さくなるため、同じ重さだと厚みがさらに増します。あまり分厚くなりすぎるようなら、2枚にしてもいいでしょう。肉の厚みで変わる焼き方については、前ページを参考に。スーパーの棚にはなかなか並ばないサイズなので、ぜひ、オーダーカットを受けてくれる精肉店に相談してみてください。

ポークソテー

Côte de porc sautée

Braiser 24cm

加熱時間 14 分

たっぷりとついた脂身の甘さ、しっとり、きめ細かな肉質を楽しむには、3cmの厚みは欲しいところです。両面とも蓋をして、全方位からじっくりとオーブンのように加熱をします。仕上げにおこなうアロゼも忘れずに。

【材料】 つくりやすい分量

豚リブロース肉……1枚（400g）
オリーブオイル……大さじ1
塩……3.5g（肉の重さの約0.9%）
黒胡椒……適量

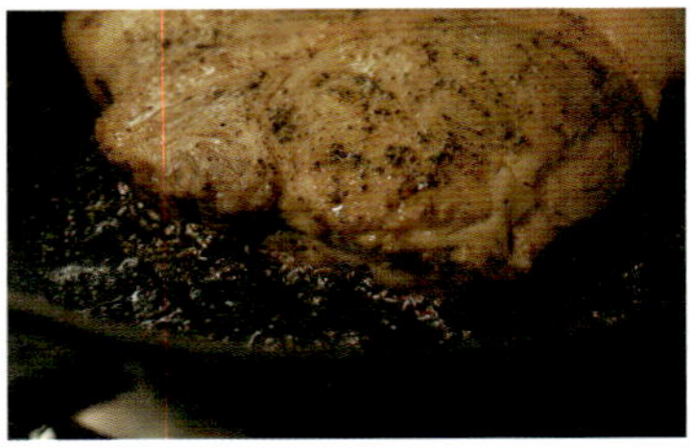

a

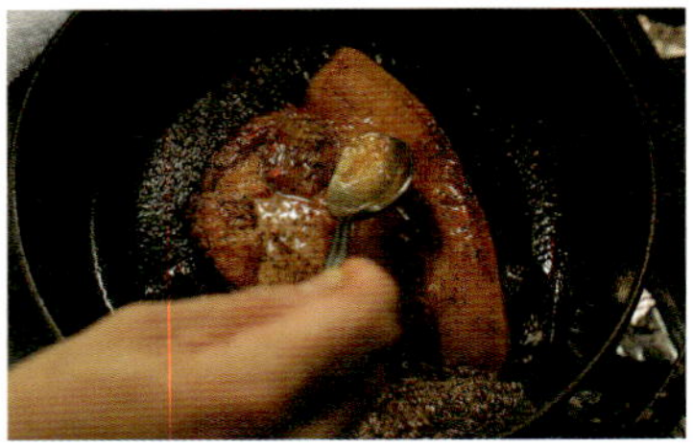

b

1—— 肉は冷蔵庫から出したてを使う。まず、脂身に強めの塩を振り、あとから全体に塩をまんべんなく振る。黒胡椒も多めにまぶす。受け皿に落ちた塩、胡椒も肉の側面でぬぐい、しっかりとまぶすこと。

2—— 鍋にオリーブオイルを入れて中火にかける。香りが立ってきたら肉の脂身を下にして、立てて焼く。自立しないときは、鍋の側面に立てかけてもいい。途中、鍋の空いたところから煙が出てきたら、肉をそちらへ移動させる。

3—— 脂身の表面に軽く焼き色がつき、カラッとした状態になったら肉をねかせて蓋をし、6分を目安に焼く。しばらくすると、水分と脂が反応してはぜる音が激しくなる。

4—— 6分後、肉の表面がふっくらとして（写真a）、触ると弾力が出てきているのがわかる。この時点で金串を刺してみると、まだ肉汁は濁っている。肉をひっくり返して蓋をし、さらに6分焼く。鍋の余熱が十分に保てるので、火加減は弱火に。

5—— 両面で12分の加熱後、金串を刺して確認。透明な肉汁が出てきたら、中心まで火が通っている。ここで完成だが、鍋底に脂がたっぷりと出ているので、仕上げにスプーンで肉の表面に何度か脂をかけてアロゼすると（b）、いい艶が出る。ローズマリーなど、フレッシュハーブで香り付けをしたいときは、この段階で脂の中に入れるといい。

チキンソテー

Cuisse de volaille sautée

Braiser 24cm

筋切りも必要なし、皮目をひたすらじっくりと焼くだけで、ふっくら、パリパリのチキンソテーがつくれます。あまりにあっけなくて驚かれるのでは？ 鍋底に残った旨味も、しっかりとこそげ取ってグレービーソースにしました。

【材料】つくりやすい分量
鶏もも肉……1枚（350g）
オリーブオイル……大さじ1
塩……3g（肉の重さの約0.9%）
黒胡椒……適量
セルフィーユ……適量

加熱時間 10 分

1—— 鶏もも肉は冷蔵庫から出したてを使う。包丁を入れることで肉汁を逃したくないので、筋切りもしなくてよい。肉の両面に塩と黒胡椒を振る。塩は、身の厚いところへ多めに振るよう意識する。

2—— 鍋にオリーブオイルを入れて中火にかける。香りが立ってきたら鶏肉を皮目を下にして入れる（写真a）。すぐに蓋をして、そのまま5分焼く。鶏肉は水分が多いので、すぐにバチバチと派手な音が聞こえてくる。

3—— 5分後、蓋を開けて確認する。身がぷっくりとふくらんで、皮の端に軽く焼き色がついているのがわかる（b）。金串を刺すと、まだ肉汁は濁っている状態。もう一度、蓋をして弱火にし、さらに5分焼く。

4—— トータルで10分後。金串を刺してみて（c）、透明な肉汁が滲み出てくれば、火は完全に通っている。皮目からだけの加熱で、身の側からは焼かずに仕上げる。鶏肉自体の水分で鍋中の湿度を保つので、反り返りもない。

5—— グレービーソースをつくる。火を止めて肉を取り出し、鍋底の脂をキッチンペーパーで軽く拭き取ってから、水50ml（分量外）を入れて中火にかける。フツフツと沸いて香りが立ってきたら、木べらで鍋底についた肉の旨味をこそげ取る（d）。取り出した肉から出てきた肉汁も鍋に戻すといい。半量まで煮詰めればソースの完成。皿に鶏肉を盛ってソースをかけ、セルフィーユを添える。

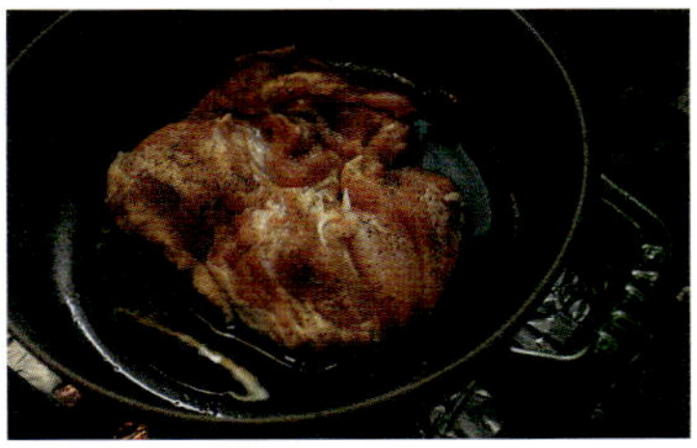
a

b

c

d

ラムチョップのソテー

Carré d'agneau sauté

Braiser 24cm

加熱時間 5 分

タイムのフレッシュな香りをまとったラムチョップ。塊肉と比べて1本が小さく、脂の融点も低いため、焼き時間はぐっと短くなるので注意してください。キッチンいっぱいに羊肉独特の香ばしい匂いが漂い、食欲をそそりますよ。

【材料】つくりやすい分量

ラムチョップ……4本（350g）
タイム（生）……15～16枝
オリーブオイル……大さじ1
塩……3g（肉の重さの約0.9%）
黒胡椒……適量

※使用したラムチョップは1本が約90g。これよりも小さく厚みのないチョップの場合は、焼き時間を短くして調整を。

1—— ラムチョップは、冷蔵庫から出したてを使う。皮目に斜めの切り込みを数本入れ（写真a）、全体に塩と黒胡椒を振る。

2—— 鍋にオリーブオイルを入れて中火にかけ、香りが立ってきたらラムチョップを立てて入れ、脂身から焼く（b）。肉も冷たく、まだ鍋も徐々に温度が上がっている途中。だんだんと脂が焼け、バチバチと音が激しくなってくるまで、1分ほど焼く。

3—— 肉を横に倒してタイムをのせ（c）、蓋をして2分焼く。塊肉と比べて小さいので、熱の回るスピードもずっと速い。

4—— 2分経ったら蓋を外して肉を返し、同じ火加減で、もう片面は蓋をせずに2分焼く。これで、おおよそミディアムレアの焼き加減。もし、触ってみてブヨブヨした感触があり、もう少し火を通したい場合は、火を止めて鍋の余熱があるうちに蓋をして1分おくといい。

a

b

c

ハンバーグ

Steak haché

Braiser 24cm

このレシピ、洋食屋さんには怒られるかもしれません。すべての材料をいっぺんに、ラフに混ぜて、練ったりもしない。肉の粒つぶとした食感や繊維を味わいたい。いい意味でのバラバラ感。これが、僕のイメージするハンバーグです。

加熱時間 **9** 分

1—— ボウルに挽き肉と牛脂以下、オリーブオイル以外のすべての材料を入れる。玉ねぎはフレッシュ感を残したいので、炒めずに生のままで。黒胡椒はたっぷり、ペッパーミルを 20 〜 30 回ほど回す。

2—— はじめは指先で全体をほぐしつつ、混ぜ合わせる（写真 a）。ある程度混ざったら、手のひらで押さえるようにしてまとめていく。少しでも肉の食感を残したいので、練らないこと。練ると肉の粒がつぶれてしまう。

3—— 2 のたねを 2 等分にして丸める。両手でキャッチボールするようにして空気を抜き、たねをしっかりとまとめたら、あまり平べったくせず、厚さ 3.5㎝ほどの小判形に成形し、中央を少しくぼませる。

4—— 鍋にオリーブオイルを入れて中火にかける。鍋が温まり香りが立ってきたら、3 のくぼませた側を下にして並べ、蓋をして 3 分焼く。

5—— 3 分後、たねの上下を返して、さらに蓋をして 3 分焼いたら（b）、蓋を外して火を止め、そのまま 3 分ほどおいて余熱で火を通す。

6—— ソースをつくる。ハンバーグを取り出した鍋の余分な脂をキッチンペーパーで拭き取り、赤ワインを入れて強めの中火にかける。途中、木べらで鍋底にこびりついた旨味をこそげ取る。

7—— 赤ワインが沸いてアルコールがとんだら、はちみつを混ぜ、醤油を入れる。弱火にしてバターを入れ、ホイッパーでよく混ぜながら全体に溶かし込む。味をみて塩少々を入れてひと煮立ちさせる。ハンバーグを焼いたときのカスなどがあるので、気になる場合はザルで漉してから、ハンバーグにかける。

【材料】 2 個分

牛ももの挽き肉（粗挽き）……450g
牛脂（細かく刻む）……50g
玉ねぎ（みじん切り）……50g
にんにく（すりおろす）……1/4 片
パン粉……大さじ 3
卵……1 個
オールスパイス……小さじ 1/4
オリーブオイル……大さじ 1
塩……6 g
黒胡椒……適量

〈赤ワインソース〉

赤ワイン……100ml
はちみつ……大さじ 1
醤油……小さじ 1/4
バター（食塩不使用）……45g
塩……少々

※挽き肉は塊肉を店で挽いてもらうとよい。もも肉以外の挽き肉を使う場合は牛脂を入れず、挽き肉を 500g 用意する。

a

b

Lesson 3

POCHER
ポシェ

ÉTUVER
エテュベ

DAUBER
ドーブ

ストウブの優しい熱で火を入れる

厚手で保温力の高いストウブを使って、
ここではゆでたり余熱で火を入れたり、
また、軽い蒸し煮からしっかりとした煮込みまで、
三様の調理法を紹介します。

POCHER
ポシェ

ポコポコと静かに沸いた湯で、素材に火を通すのがポシェ。
ここでは、“ゆでる”という調理のほかに、余熱でじんわりと加熱する方法も含めました。

白身魚のポシェ

Le Grand aïoli

B raiser 24 cm

南仏に、グランド アイオリという、ブイヤベースを簡素化したような、魚と野菜の料理があります。ゆでるときにヴィネガーを入れることで、魚もふっくら。合わせるソースでも、味わいに変化がつけられますよ。

【材料】 つくりやすい分量

白身魚の切り身……2枚（250g）
じゃがいも（小粒のもの）……150g
にんじん……100g
ブロッコリー……50g
カリフラワー……100g
アスパラガス……3本
水……1.5ℓ
白ワインヴィネガー……小さじ2
塩……7g

※白身魚は3枚におろした、ほうぼうを使用。鯛、すずき、ひらめ、たらなども合う。野菜はお好みで。
※添えてあるアイオリソースのレシピはP29参照。

加熱時間 15 分

1—— じゃがいもは皮付きのまま使う。にんじんは皮をむいてスティック状に切る。ブロッコリーとカリフラワーは小房に分ける。アスパラガスは根元の固い部分を切り落とし、はかまを取る。

2—— 鍋に分量の水と塩、じゃがいもとにんじんを入れ、蓋をして強めの中火にかける。沸騰したら中火〜弱火にし、鍋と蓋の隙間から湯気が漏れる程度の火加減を保ちながら、しばらくゆでる。

3—— じゃがいもとにんじんに7割がた、火が通ったら（竹串を刺したときにスッと入らず、少し抵抗があるくらい）、カリフラワーを入れて蓋をし、1分ゆでて、ブロッコリーとアスパラガスも入れて（写真a）、ちょうどよい固さまでゆでる。

4—— 野菜類をすべて引き上げ、残りの湯に白ワインヴィネガーを入れ、フツフツとしてきたら白身魚を入れる（b）。湯温が一気に下がるので、少し火を強めて、再度フツフツとしてきたら、魚の上下を返す。

5—— そのまま蓋をせずに5分ほど、湯が静かにポコポコと沸くくらいの温度をキープしながらゆでる。筋肉の繊維がほぐれて緩む瞬間があり、金串がスッと通るようになるのが目安。とびきり鮮度のよい魚なら、蓋をして火を止め、余熱で火を入れてもいいが、蒸れて魚臭さも出やすくなるのでこの方法で。

6—— 器に野菜と魚を盛り付け、好みでアイオリソース、塩などを添える。

a

b

鶏むね肉のポシェ

Suprême de volaille poché

Oval 27cm

正確には、ポシェとは少し違いますが、パサつきがちな肉を、しっとり、柔らかく火入れするのに最適な方法です。鶏むね肉って、こんなにおいしいものだったのか！　と感激しますよ。

加熱時間 10分

1―― 鍋に分量の水と塩を入れて強めの中火にかける。十分に沸騰したら、鶏肉を入れる。いい味が出るので、皮ははがさずに。

2―― しばらくして、再びフツフツと沸いてきたら（写真a）、火を止めて蓋をし、余熱で10分加熱する。すぐに使わないのであれば、ゆで汁に浸かった状態で冷ます。

3―― ゆで上がりは、皮が少し縮んでいる（b）。食べやすい厚さにスライスして、ソースを添える。

a

b

【材料】 つくりやすい分量

鶏むね肉……2枚（600g）
水……2ℓ
塩……15g

※添えてあるピストゥソースのレシピはP29参照。

ポシェに合わせたいソースいろいろ

カレーコーヒーオイル

和知オリジナルの香り豊かな万能オイル

【材料】 つくりやすい分量
コーヒー豆……10g
カレー粉……大さじ 1
オリーブオイル……100ml

1—— 密閉容器にすべての材料を入れてよく混ぜ、カレー粉が沈殿して全体がなじむまで最低 1 時間はおく。使うときは、スプーンで上澄みをすくう。少量ずつ加減をみながらかけること。塩が入らないので、塩気が欲しい場合はオイルと一緒に塩を添えるといい。常温で 1 週間から 10 日は保存可能だが、オイルが酸化してだんだん風味が落ちるので、なるべく早く使い切る。

アイオリソース

ブイヤベースには欠かせない、定番ソース

【材料】 つくりやすい分量
卵黄……2 個
にんにく（すりおろし）……2 片
ディジョンマスタード……大さじ 2
パプリカパウダー……大さじ 1
白ワインヴィネガー……50ml
サラダ油……200ml
塩……ふたつまみ

1—— ボウルにサラダ油以外の材料を入れてホイッパーでよく混ぜる。混ぜながら、サラダ油を少しずつ、分離しないよう、糸のように垂らしながら合わせていく。清潔な容器に入れ、冷蔵庫で保存。長くとも 1 週間から 10 日で使い切る。

ピストゥソース

フレッシュなバジルと
松の実のコク

【材料】 つくりやすい分量
バジルの葉……50g
松の実……30g
パルミジャーノチーズ
（削ったもの）……25g
オリーブオイル……150ml
塩……小さじ 1/2

1—— ミキサーにすべての材料を入れて回し、ペースト状にする。煮沸した保存瓶に入れて、表面にオリーブオイル（分量外）を薄く張り、冷蔵庫で保存する。きちんとオイルで空気を遮断できていれば長くもつが、なるべく早く使い切ること。

ラヴィゴットソース

卵のまろやかさと酸味のバランスが絶妙

【材料】 つくりやすい分量
固ゆで卵（みじん切り）……2 個
赤玉ねぎ（みじん切り）……60g
きゅうりのピクルス（みじん切り）……大さじ 1
ケイパー（みじん切り）……大さじ 1
サラダ油……大さじ 3
塩……ふたつまみ
黒胡椒……少々

1—— ボウルにすべての材料を入れてよく混ぜる。ゆで卵が入るので、すぐに使い切ること。

ÉTUVER
エテュベ

素材の持つ水分だけでゆっくりと蒸し煮にするのがエテュベ。
たっぷりのバターで野菜の旨味と甘みを引き出して仕上げる軽い“煮物”のイメージです。
ブレゼと違い、焦がさないように加熱します。

緑の豆のエテュベ

Petits pois a l'étuvée

Round 18 cm

初夏に出回る、フレッシュな豆の風味を存分に味わえます。バターたっぷりですが、重たくありません。春の山菜やたけのこ、冬なら根菜を使ってもいいでしょう。

【材料】つくりやすい分量
そら豆……100g（正味）
グリンピース……100g（正味）
新玉ねぎ……1個
ベーコン……30g
バター（食塩不使用）……50g
塩、黒胡椒……各適量

加熱時間 20 分

1—— そら豆、グリンピースはそれぞれサヤから出し、そら豆は薄皮をむく（写真a）。材料表の分量はそれぞれむいたあとの正味の量。新玉ねぎは繊維に沿って薄くスライスする。ベーコンは細切りにする。

2—— 鍋にバターを入れて中火にかける。バターが溶けて香りが立ってきたら、ベーコンと新玉ねぎを入れる。塩ひとつまみと黒胡椒を振り、焦がさないように軽く炒める。

3—— バターが全体になじんだら、そら豆とグリンピースを入れて、ざっくりと混ぜ（b）、蓋をして弱火にする。豆の表面が汗をかくくらいの火加減をキープ。

4—— 7～8分すると、野菜から水分が出てくる。色をつけたくないので、表面がフツフツする火加減を保ちつつ（c）、焦がさないように注意してトータルで15分ほど煮て、味をみて塩で調える。豆はまだ鮮やかな色を残し、フレッシュ感も味わえる状態。好みで豆の色が退色するくらいしっかりと煮てもいい。

a

b

c

DAUBER
ドーブ

フランスの各地方、家庭に煮込みがあり、さまざまな呼び方がありますが、
ドーブがいちばん、一般的かもしれません。
鍋を火にかければ、時間がおいしくしてくれる、素朴な料理です。

牛肉の赤ワイン煮込み

Daube de bœuf

Round 24 cm

ツヤツヤと鳶色に輝き、とろみのついたレストランの味もいいのですが、こんなふうに、さらっと煮込まれたもののほうが、じつはフランス的。赤ワインは安いものでいいので、たっぷりと使ってください。

【材料】つくりやすい分量
牛バラ肉（ブロック）……800g
玉ねぎ……小２個
にんにく（皮付き）……２片
マッシュルーム……５個
トマト（完熟したもの）……１個
ベーコン……50g
オリーブの塩水漬け……100g
ドライプルーン……６個
タイム（生）……４枝
赤ワイン……1ℓ
鶏だし……300ml
小麦粉……適量
サラダ油……大さじ１
塩、黒胡椒……各適量

※オリーブの塩水漬けは種付きのまま使う。黒とグリーンをミックスしても、どちらかでも可。
※鶏だしは P44 参照。
※赤ワインはデイリーなものでよい。なるべく濃い味わいのものを選ぶ。

加熱時間 120 分

1—— 玉ねぎはくし形に切る。マッシュルームは軸についた泥などを掃除する。トマトはざく切りに。ベーコンはスライスしたものを 5㎝幅に切る。タイムはたこ糸で縛ってまとめておく。オリーブの塩気が強い場合は、しばらく水にさらす。

2—— 牛バラ肉は 5㎝角に切り、 塩９g（肉の重さの 1％強）と黒胡椒を全体に振り、小麦粉をまんべんなくはたく（写真a）。たっぷりとまぶしてから、余計な粉を落とすようにすると全体に均一につく。この小麦粉で、香ばしさとソースに適度な濃度がつく。

3—— 鍋にサラダ油を入れて強めの中火にかけ、薄煙が出るくらいまで、しっかりと熱してから、肉を重ならないように並べる。そのまま動かさずに焼き、しっかりと焼き色をつける。表面が焼き固まる前に動かすと、旨味も逃げてしまう。同じようにして全面に焼き色をつけ（b）、いったん取り出す。

4—— 肉を取り出した鍋に、玉ねぎ、にんにく、マッシュルーム、ベーコン、オリーブ、タイムを入れてざっと混ぜ（c）、軽く塩、胡椒をする。軽く炒めて肉から出た脂がなじんだら、肉を戻し入れる。

5—— ざっくりと全体を合わせ、赤ワインを注ぐ。鶏だしとトマト、プルーンも入れて（d）蓋をし、弱火で２時間煮込む。途中、表面に浮いてきた脂をすくう。肉と野菜がかぶるくらいの水分量をキープし、煮詰まってきたら水か鶏だしを足す。肉が柔らかくなったら味をみて、塩で調える。つくりたてより、一晩おいたほうがなじむが、当日に食べる場合も、火からおろしていったん冷ましてから温め直すほうがおいしい。

a

b

c

d

豚肉のクリーム煮

Blanquette de porc

Round 24 cm

ごろん、と豚肉の塊が入った、シンプルなクリーム煮。肉を大きく切ると、その分、柔らかくなるまで時間はかかりますが、パサつかずにしっとりと仕上がります。

加熱時間 120 分

【材料】 つくりやすい分量

豚肩ロース肉（ブロック）……600g
玉ねぎ……１個
マッシュルーム……16 個
タイム（生）……６枝
鶏だし……300ml
牛乳……300ml
小麦粉……適量
サラダ油……大さじ１
塩、白胡椒……各適量

〈ホワイトソース〉

バター（食塩不使用）……50g
小麦粉……50g
生クリーム……200ml

※鶏だしは P44 参照。

1—— 玉ねぎはくし形に切る。マッシュルームは軸についた泥などを掃除する。タイムはたこ糸で縛ってまとめておく。

2—— 豚肉は５㎝角に切り、塩８g（肉の重さの 1.3%）と白胡椒を振り、小麦粉をまんべんなくはたき、余計な粉を落とす。

3—— 鍋にサラダ油を入れて中火にかけ、あまり熱くなり過ぎないところへ、肉を重ならないように並べて焼く。表面が固まったくらいで肉を裏返し、焼き色がつかないようにする（写真 a）。

4—— 肉と肉の間に差し込むような感じで玉ねぎとマッシュルームを入れ、タイム、鶏だし、牛乳を注ぐ（b）。蓋をして弱火で２時間煮込む。焦げ付かないよう、ときどき混ぜ、煮詰まるようなら鶏だしか水を足す。

5—— ホワイトソースをつくる。別鍋にバターを入れて中火にかけ、焦がさないように溶かす。ジュクジュクとしてきたら小麦粉を入れ、焦げ付かないようホイッパーで混ぜながら、粉くささが抜けるまで加熱する。

6—— **5** に **4** の煮汁を少量ずつ入れ、もったりとするまでのばす。さらに生クリームを３回に分けて入れながらのばし、なめらかなクリーム状になったら、**4** の鍋に入れて溶かし込み（c）、ひと煮立ちさせる。味をみて塩で調える。

a

b

c

STAUB
STAUB

鶏肉のヴィネガー煮込み

Poulet sauté au vinaigre

Round 24 cm

白ワインヴィネガーとトマトの酸味が爽やかな煮込み。煮込み時間も比較的短く、酢の効果で鶏肉も柔らかくなります。もっとさらりと仕上げたいときは、煮込みを30分程度に短縮してもいいですよ。

加熱時間 60 分

【材料】つくりやすい分量
骨付き鶏もも肉……4 本（900g）
玉ねぎ……小 1 個
じゃがいも……中 1 個
にんにく（皮付き）……2 片
タイム（生）……10 枝
ホールトマト（缶）……400g
白ワイン……100ml
白ワインヴィネガー……30ml
鶏だし……100ml
サラダ油……大さじ 1
塩、黒胡椒……各適量

※鶏だしは P44 参照。

1—— 玉ねぎは繊維に沿って 1 cm 幅にスライスする。じゃがいもは皮付きのまま、1 cm 幅の拍子木切りにする。タイムはたこ糸で縛ってまとめておく。

2—— 骨付き鶏もも肉は関節のところから切り、塩 11g（肉の重さの 1.2%）と胡椒を振る。

3—— 鍋にサラダ油を入れて中火にかけ、十分に熱くなったら鶏肉を皮目を下にして並べる。多少、重なっても構わない。動かさずにしばらく焼き、皮目にしっかりと焼き色がついたら肉を裏返す（写真 a）。

4—— 3 の鍋に玉ねぎ、じゃがいも、にんにく、タイムを入れ、ざっくりと合わせて脂がなじんだら、白ワインと白ワインヴィネガーを注ぎ（b）、ホールトマトを手でつぶし入れる（c）。ざっとなじませてから鶏だしを入れ、蓋をして弱火で 1 時間煮込む。味をみて、塩で調える。

a

b

c

Lesson4

FRIRE
揚げる

熱々をめしあがれ！

カリカリに揚がったじゃがいも、
衣が香ばしいフライ。
揚げ物は、どこの国でも人気ものですね。
一定の温度で揚げる作業も、
ストウブならお手の物です。

トスカーナ・フライド・ポテト

Pommes frites à la Toscane

Braiser 24cm

「マルディ グラ」でも大人気を博していたメニューです。ほどよく水分の抜けた冬越しの男爵いもを、ゆっくり時間をかけて揚げることで、じゃがいも本来の優しい甘さが出てきます。ガリガリッとした食感もポイント。冷えたビールをお忘れなく。ホクホクのにんにくもおいしいのです。

【材料】 つくりやすい分量

じゃがいも（男爵）……350g
にんにく（皮付き）…… 4 片
フレッシュハーブ……30g
強力粉……大さじ 3
ピーナッツオイル……300g
塩、黒胡椒……各適量

※ピーナッツオイルの代わりに、オリーブオイルや非焙煎タイプの胡麻油でもよい。

加熱時間 20 分

1—— フレッシュハーブは、ローズマリー、タイム、セージ、オレガノ、マジョラムの 5 種類を合わせて 30g。すべてを揃えなくてもいいが、ローズマリーだけは必ず入れたい。にんにくは皮付きのまま揚げる。

2—— じゃがいもは、新じゃがではなく、適度に水分が抜けて甘みとホクホク感が増した、“ひね”のじゃがいもを使用。皮をむいて、幅 1 ㎝の拍子木切りにする。

3—— 2 のじゃがいもに、強力粉をまぶす。まんべんなくきれいにまぶすのではなく、ざっくりと、わざとダマを残すように、ラフに混ぜるのがポイント。粒子の粗い強力粉と、このダマが、仕上がりのガリガリ感に一役買ってくれる。

誕生ものがたり

十数年前、アメリカ人が書いたトスカーナの紀行文を読んだときのこと。そこに、とある田舎町のレストランで出された、フライドポテトの話があり、興味をひかれました。写真はなく、文章だけの情報を頼りにつくったのが、トスカーナ・フライド・ポテトです。それから何度も改良を重ねました。本を読んだ数年後、実際にその店に行って、フライドポテトにご対面（写真）。見た目は似ていたけれど、食感は別物。クリスピー感を前面に出すことを意識した、自分のレシピはもはや、完全なオリジナルになっていたのです。

トスカーナ・フライド・ポテト

4—— 鍋にフレッシュハーブとにんにくを入れ、上からじゃがいもをのせて平らにならす。こうすると、加熱していったときに油ハネが少ない。

5—— 4にピーナッツオイルを注いで強めの中火にかける。油の量は驚くほど少ない。

6—— 油がジュクジュクと沸いてきたら、中火にして、そのまましばらく、触らずに揚げる。じゃがいもにうっすら色がついてきたら、上下を返すのではなく、全体をぐるぐると回転させて、油の中を移動させる。

7—— にんにくに串を刺してみて、8割がた火が通っているのを確認したら、菜箸とターナーを使って、じゃがいもの上下を返す。この時点で、揚げ色はまだ、まだらでよい。ときどき触る程度で、あまり混ぜ過ぎないこと。カリカリとホクホク、しっとりのグラデーションがあるほうが楽しい。常温から徐々に温度を上げていきながら、ゆっくりと揚げることで、じゃがいもの甘みとホクホク感が十分に引き出される。

8—— 20分ほど揚げると、水分がちょうどよく抜けて、触った感じもカサカサと軽い音になっている。火からおろし、ザルとボウルを重ねたところへあけて、油をきる。

9—— 塩と黒胡椒を多めに振り、両手でザルを持って上下に振り、全体に混ぜる。そうすることでハーブも砕けてからまる。

禁断のハムカツ

Jambon à la Viennoise

Oval 27cm

加熱時間 3 分

ハムカツ、大好きです。贅沢な厚いハムカツもいいですが、薄いのを重ねてつくると、揚げたてを口にした瞬間、ハムとハムの間から熱気と一緒に、ふわっといい香りが漂います。たっぷりの油で、カラリと揚げてください。

1―― ボウルに卵を溶きほぐし、小麦粉、牛乳を順に入れて、よく混ぜ合わせる。洋食店や精肉店の揚げ物で使う、バッター液。溶き卵にくぐらせるよりも、衣がしっかりとつく。

2―― ハムは、空気が入らないよう、ぴったり 4 枚ずつ重ねて 5 組にし、小麦粉（分量外）を薄くはたく。厚みがあるので、側面にもしっかりと。少量残った小麦粉は、1 に混ぜてしまっていい。

3―― 2 のハムを 1 のバッター液にくぐらせ（写真 a）、生パン粉をまぶす。ハムの間の空気を抜くつもりで、手のひら全体でぎゅっと押しながら側面にも丁寧に。

4―― 鍋に揚げ油を入れて中火にかける。パン粉をひとつまみ油に入れて、すぐにシュワシュワとするくらいが 170℃の適温。3 を揚げる。油の深さがあるので、立てるようにして入れると、一度に揚げられる。衣がしっかりと固まり、おいしそうな揚げ色がついたら引き上げる（b）。

a

b

【材料】 つくりやすい分量

ロースハム（薄切り）……20 枚

卵……2 個

小麦粉……大さじ 6

牛乳……大さじ 3

生パン粉……適量

揚げ油……約 2 ℓ

つけあわせのパセリサラダ

【材料】 つくりやすい分量

パセリ、イタリアンパセリ（合わせて）……20g

赤玉ねぎ（スライス）……10g

醤油、赤ワインヴィネガー、胡麻油……各小さじ 1

1―― パセリとイタリアンパセリは洗って水気をふき、葉を食べやすくちぎる。

2―― ボウルに調味料を合わせ、1 と赤玉ねぎを入れて和える。

スパイシー・フライドチキン

Poulet frit aux parfums d'épices

Oval 27cm

粗挽きの黒胡椒を、鶏肉が真っ黒になるまで、たっぷりと効かせています。でも、見た目ほどは辛くないですよ。一枚丸ごと、豪快に揚げて、肉汁を閉じ込めました。

【材料】 つくりやすい分量

鶏もも肉……2枚（500g）
玉ねぎ……1/2個（60g）
にんにく……2片
A　粗挽き黒胡椒……大さじ2
　　オレガノ（乾燥）……大さじ1
　　クミンパウダー……大さじ1
　　グラニュー糖……小さじ1
　　塩……5g
卵……1個
片栗粉……適量
揚げ油……約2ℓ

加熱時間 7 分

1—— 玉ねぎはすりおろして汁ごと使う。にんにくもすりおろす。

2—— ボウルに鶏肉を入れ、1とAをすべて入れて全体にからませてから、手でよくもみ込む（写真a）。ラップをかけて冷蔵庫に入れ、1時間ほどなじませると調味料がよく浸透する。

3—— 2に卵を溶き入れて、よくからませてから、片栗粉をまんべんなくはたく（b）。

4—— 160℃に熱した油で3を揚げる。胡椒が入って焦げやすいので、油の温度は少し低め。鶏肉の表面が固まるまでは動かさないこと。油の表面にプクプク浮いてくる気泡は、鶏肉の水分が外へ放出されているため。この泡が大きくなると、揚げ上がりの目安（c）。おおよそ6～7分。

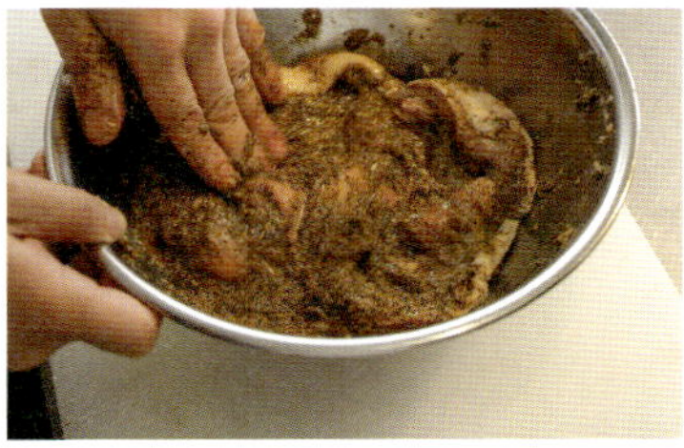
a

b

c

本書にたびたび登場する材料のこと

塩はサラサラとしっとり

「マルディ グラ」の厨房では、サラサラに炒った焼き塩と、粒の粗いゲランドの塩を使用。肉や魚へ均等に塩を振るときは、焼き塩をお薦めします。塩の分量がグラムで表記されているレシピは特に、濡れた手で塩を振るだけでも量が変わるので気をつけて。盛り付け後など仕上げに振るのは、ゲランドの塩。カリッとした食感がアクセントになります。

厨房の小麦粉は強力粉です

「マルディ グラ」では、小麦粉は、すべて強力粉。パンやデザートも含め、さまざまな生地を仕込む厨房では、小麦粉といえば強力粉なのです。本書では、強力粉でなければならないレシピには強力粉、薄力粉と強力粉のどちらでもよいものには、小麦粉と表記しています。

タイムは名脇役

ハーブでいちばんたくさん登場するのが、タイム。ひと昔前は「肉や魚の臭み消しのハーブ」と呼ばれていましたが、僕は、その意味では使いません。清涼感のある香りは、どぎつくなくニュートラル。肉や魚を単体で煮たり焼いたりするよりも、タイムが脇を固めることで、より一層、主役の香りが引き立つ効果があります。

ずるい！ ベーコン

野菜のブレゼや、煮込み料理で野菜を炒めるときに「味だし」の役目として使うベーコン。店では燻製が強めの生ベーコンにさらしを巻いて冷蔵庫保存。少し乾かして使っています。これ自体、とてもおいしいものなので、撮影スタッフには「ずるいベーコン」と呼ばれていました。家庭では衛生環境も違うのでそこまでしなくてもよいですが、ハム・ソーセージの専門店が手づくりしている、ちょっといいベーコンを奮発してみてください。シンプルな料理はそれだけで、ぐっと味わいが変わりますよ。

万能 自家製鶏だし

本書のレシピに「鶏だし」と書かれているものです。鍋に鶏ガラ1kgと玉ねぎ2個、にんじん1/2本、にんにく3片、タイム1枝を入れて、材料がちょうどかぶる量より、さらに2割ほど多めの水を入れて、1時間から1時間半煮込んだもの。水分量は最初の状態から3割くらい減った状態です。濃厚過ぎず、さらりとしただしですが、冷やすとプルプルの煮こごり状に。熱いうちにだしを漉して密閉瓶に入れ、冷めたら冷蔵庫に保存。1週間で使い切るか、もしくは冷凍保存します。

粘りのないジャスミンライス

Part 2、ワールド・レシピに入ると、ご飯を添えたり、肉や野菜と米を炊き込んだりするレシピが、いろいろと出てきます。そこで愛用しているのが、タイ産のジャスミンライス。香りの良さはもちろんですが、粘り気がなく、さっぱりとしているので、主役の邪魔をせず、料理によく合います。洗米せずに、米の1.5倍の水を入れ、沸騰したら弱火で15分炊いて蒸らします。

Part2

僕の料理は
旅から始まる

ストウブで世界を巡る
ワールド・ビストロ料理

毎年のように、テーマを決めて旅に出る。
その土地の歴史、文化を入念に下調べし、
どんなふうに、この国の料理ができあがったのか、思いを馳せる。
そして、目で見て、舌で味わい、肌で感じたことを咀嚼し、
オリジナルを超えるべく、自分の料理を構築する。
模倣でもない、フュージョンでもない、僕の料理。
立ち上る香りに、彼の地の空気をふと感じられたら、それでいい。

France

フランス

初めてフランスに渡り、
日本との違いを一番感じたのは、香りだった。
肉や野菜を、煮込めば煮込むほど、調理場がその匂いに包まれて、
素材の持つエネルギーにむせかえる。
その後、フランス全土に目を向けて、
南部のラングドックからピレネー山脈沿いを伝って
南西部のフレンチバスクまで走り抜けた。
フランスの奥地に残る、中世の街で過ごしたり、
秘密の料理を探る冒険は、楽しくて仕方がなかった。
そんな旅を何度か繰り返し、フランスのエスプリを、
心から理解できるようになったのかもしれない。

初めての野菜スープ

Soupe de paysanne

19歳。ブルゴーニュの田舎町にある、一つ星の店で働いていたときのこと。
自分に任された仕事は、
80歳になるオーナーのおばあさんの食事を用意することだった。
野菜スープとパン、一杯の赤ワイン。同じものを毎日、毎日。
バターの風味がたっぷりと溶け込んだ、一見、とても簡単でシンプルなスープ。
日々、同じようにつくっているつもりでも、少しでも「何かが違う」と、
スープは手をつけずに戻ってきた。
長い長い、料理人としての旅が、ここからスタートを切った。

【材料】18㎝のラウンドでつくりやすい分

にんじん……小１本
じゃがいも……小１個
カリフラワー……小1/2個
玉ねぎ……小１個
ポロねぎ……1/2本
トマト……中１個
バター……50g
水……400ml
塩……小さじ1/2

1　にんじん、じゃがいも、カリフラワーは小さめの一口大に切る。玉ねぎ、ポロねぎは薄くスライスする。

2　鍋にバターを入れて中火にかけ、香りが立ったらじゃがいも、にんじんを軽く炒める。バターがなじんだらカリフラワーも入れてさらに炒め、玉ねぎ、ポロねぎを入れる。

3　焦がさないよう、弱火にしてゆっくり炒め、全体に艶が出てきたら、塩、角切りのトマトと水を入れ、蓋をして強めの中火にかける。沸騰したら弱火にし、野菜の角が煮崩れる程度まで煮込む。味をみて、足りなければ塩で調える。

ベッコフ

Baeckeoffe

Oval 27cm

肉や野菜を陶器の鍋に入れ、馴染みのパン屋へ持ち込むと、
朝のひと仕事を終えたパン職人が、
余り生地で鍋と蓋の隙間を塞ぎ、
石窯の熾火に放り込んでおいてくれる。
アルザス地方の主婦たちは、
その間に、洗濯や掃除の家事を済ませるのだ。

【材料】つくりやすい分量

豚バラ肉（ブロック）……250g
牛バラ肉（ブロック）……500g
骨付き鶏もも肉……1本（200g）
子羊肩肉……250g
生ソーセージ……2本（150g）
ベーコン……40g
玉ねぎ……1個
じゃがいも……小4個
にんじん……大1/2本
ポロねぎ……1/3本
にんにく……1片
ローリエ……1枚
クローブ……2個
タイム……5～6枝
白ワイン……250ml
鶏だし……250ml
塩、黒胡椒……各適量

※ベーコン以外の肉類は、すべて揃えなくてもいいが、3種類は欲しい。量の割合は好みで、合わせた重量が1～1.5kgになるようにする。
※鶏だしはP44参照。

1―― 生ソーセージとベーコン以外の肉類は大きな塊のまま、牛肉は2等分にして、塩、胡椒をし、ラップで包んで冷蔵庫に一晩おく（写真a）。塩の量は、肉の重さに対して、豚バラ肉、牛バラ肉は1.3%、鶏もも肉は1%、子羊肩肉は1.2%が目安。

2―― 玉ねぎは丸のまま、芯に十字の切り込みを入れる。にんじんも、縦に十字の深い切り込みを入れる（b）。ポロねぎは煮崩れないよう、たこ糸で縛る。タイムも同様にたこ糸で縛ってまとめる。クローブは玉ねぎに突き刺しておくと、あとで取りやすい。

3―― 鍋に、1と2、その他の肉、野菜類、ローリエをぎっしりと詰め、白ワインと鶏だしを注ぐ（c）。蓋をして、200℃に予熱したオーブンで1時間半～2時間、蒸し煮する。途中、様子をみて、焦げたり水分が煮詰まり過ぎているようなら、温度を下げ、水を足す。

a

b

c

子羊のタジン

Tajine d'agneau

Tajine 20 cm

モロッコ料理のタジンは、移民の多いパリでも広く愛されていて、
小学校の給食にも登場するほど。
「マルディ グラ」でも、開店当初からの人気メニューだ。
具は大ぶりに切った子羊だけでシンプルに、
スパイスのエキゾチックな香りをまとわせる。

【材料】 つくりやすい分量

子羊肩肉(塊)……400g
玉ねぎ……80g
にんじん……50g
セロリ……10g
にんにく……1/2片
生姜……5g
サフラン……ひとつまみ
カルダモン(パウダー)……小さじ1
コリアンダー(パウダー)……小さじ1
パプリカ(パウダー)……小さじ1/2
ターメリック……小さじ1/2
白ワイン……150ml
ホールトマト(漉したもの)……大さじ4
松の実……小さじ1
ドライプルーン……4粒
オリーブオイル……大さじ2
小麦粉……適量
塩、黒胡椒……各適量
香菜……適量

1—— 子羊肩肉は4等分にし、塩5gと黒胡椒をまぶす。野菜類はすべてみじん切りにしておく。

2—— タジンの鍋にオリーブオイルを入れて中火にかける。鍋が十分に熱くなって、オイルの香りが立ってきたら、1の子羊に小麦粉をまんべんなくはたき、余計な粉は払い落として鍋に入れる。

3—— そのまま肉を動かさずにしばらく焼き、こんがりといい焼き色がついたら上下を返して(写真a)、もう片面も同様に焼き色をつけて取り出す。

4—— 2の鍋に1の野菜を入れて炒める。にんにくと生姜の香りを出し過ぎないようにしたいので、すべての野菜を一度に入れて構わない。ここで軽く塩、黒胡椒を振り、サフランを指でつぶし入れる。

5—— 野菜がしんなりとしたら弱火にして、カルダモン、コリアンダー、パプリカ、ターメリックを入れて軽く炒める(b)。香りが立ったら、3の肉を戻し入れる。

6—— 白ワインを注いで強めの中火にかけ、沸騰してアルコールがとんだらトマトの水煮、松の実、ドライプルーンを入れる。

7—— タジンの蓋をして弱火にし(c)、2時間煮込む。途中、1時間経ったところで肉の上下を返す。煮詰まりすぎて焦げ付きそうなときは水を足す。味をみて塩で調え、仕上げに香菜を添える。

a

b

c

France

豚ロースのサンセール・スタイル

Côte de porc à la Sancerroise

Braiser 24cm

ワインの産地としても知られる、中央ロワールのサンセールで、
剪定した葡萄の枝でスモークをした、
少し甘塩っぱいハム、ジャンボン・ド・サンセールを食べた。
彼の地で出会った温かい人たちへ、オマージュの一皿。
サンセールが位置するベリー地方名産のレンズ豆を添えて。

【材料】 つくりやすい分量

骨付き豚ロース肉……450g
はちみつ……小さじ 1
オリーブオイル……大さじ 1
塩……4.5g
黒胡椒……適量
イタリアンパセリ……適量

桜のチップ（スモーク用）……大さじ 4

1—— 豚肉に分量の塩と黒胡椒をまんべんなく振る。

2—— 鍋にアルミホイルをくしゃっと丸めて少し平たくならしたものを置いて土台にし、周囲に桜のチップをまく。1 の豚肉をアルミホイルの上にのせ（写真 a）、蓋をして中火にかける。

3—— 蓋の隙間からうっすらと煙が漏れてきたら弱火にし、そのまま 3 分スモークし、肉を裏返してさらに 3 分、計 6 分、スモークして取り出す。

4—— 鍋をきれいに洗い、オリーブオイルを入れて中火にかける。香りが立ってきたら 3 の豚肉を入れ（b）、蓋をして弱火で 5 分焼く。いい焼き色がついたら裏返し、蓋をせずに、さらに 5 分焼く。

5—— キッチンペーパーで出てきた脂を軽く拭き取ってから、豚肉の表面に刷毛ではちみつを塗り（c）、裏返してもう片面にも塗る。少量のはちみつで肉の表面をキャラメリゼさせる。

6—— 焼いている面の縁がこんがりとしてきたら裏返し、火を止めてそのまま少しおき、余熱でじっくりと火を入れる。つけあわせと共に器に盛り、イタリアンパセリを添える。

a

b

c

つけあわせのレンズ豆の煮込み

【材料】 ラウンド 24cm でつくりやすい分量

レンズ豆……250g
玉ねぎ……1 個
にんじん……1/2 本
にんにく……2 片
ベーコン……30g
バター（食塩不使用）……30g
塩、黒胡椒……各適量

1—— 玉ねぎ、にんじん、にんにくは粗みじん切りにする。ベーコンは 5 ㎜幅に切る。

2—— 鍋にバターを入れて中火にかけ、溶けたら野菜類、ベーコンを入れる。軽く塩、胡椒をして炒め、しんなりとしたらレンズ豆をもどさずに入れる。

3—— 軽く炒めてレンズ豆にバターがなじんだら、ひたひたの水（分量外）を注ぐ。沸いたら弱火にして、蓋をせずに 1 時間を目安に煮る。豆が柔らかくなる前に煮詰まり過ぎたら、水を足す。最後は汁気がなくなるまで煮詰め、塩、胡椒で味を調える。

ベリー風 じゃがいものガレット

Galette de pommes de terre

Braiser 24cm

じゃがいものガレットは、
フランス中の家庭やビストロで親しまれる。
これは、サンセールの小さなワイナリーの、
江戸っ子みたいに威勢のいいマダムに
教わった、ベリー風のレシピをアレンジ。
たっぷりのディルが清涼感を与えてくれる。

【材料】 直径10㎝4枚分
じゃがいも（男爵）……150g
ディル……5g
エストラゴン……5g
エシャロット……1/2個（30g）
バター（食塩不使用）……100g
フロマージュ・ブラン……100g
小麦粉……150g
塩……5g
オリーブオイル……少々
バター（焼成用）……40g

※フロマージュ・ブランの代わりに、水きりをしたプレーンヨーグルトでも可。

1—— じゃがいもはゆでて皮をむき、細かく刻んでおく。エストラゴンは葉を摘む。エシャロットはざく切りにする。バターは室温にもどしておく。

2—— フードプロセッサーにディルとエストラゴンを入れて軽く作動させ、粗みじんにしたところへ、エシャロットも入れて作動させ、みじん切りにする。

3—— バター、フロマージュ・ブランを順に入れ、そのつど攪拌する。あまり回し過ぎると水分が分離してくるので注意。小麦粉を3回に分けて入れ、攪拌してから、じゃがいも、塩も入れて（写真a）攪拌し、全体をまとめる。

4—— 手に小麦粉（分量外）をつけて容器から生地を取り出し、4等分にしてまとめる。生地が柔らかく、だれやすいので、一つずつラップで包んで冷蔵庫で1時間ほど冷やす。

5—— 直径10センチのセルクル型2個にオリーブオイルを薄く塗る。鍋にバター20gを入れて中火にかけ、溶けて香りが立ってきたら型を置き、4の生地を一つの型に一つ分押し込み（b）、真ん中をへこませる。

6—— 蓋をして、弱火で3分焼き、いい焼き色がついたら型ごと生地を返して（c）、もう片面も3分焼く。串を刺して生の生地がついてこなければOK。残ったバターを拭き取り、同じようにして、残りの2枚も焼く。生地が柔らかいので、厚みを出すために型に入れるが、鍋に直接流して、パンケーキのように焼いてもいい。また、油で揚げてもおいしい。

a

b

c

STAUB

カタロニア風 子羊と豆の煮込み

Agneau aux haricos catalane

Oval 27cm

ピレネーを挟み、スペインのカタルーニャと国境を接する、
フレンチ・カタロニアは、
食文化もまた、独自性があって興味深い土地だった。
甘口の赤ワイン、レモンのわずかな清涼感。
羊と豆の素朴な煮込みも、どこか異国の表情に変化する。

【材料】 つくりやすい分量

子羊肩肉（ブロック）……800g
白いんげん豆……250g
玉ねぎ……２個（400g）
セロリ……20㎝（20g）
にんにく……１株
タイム……10枝
シナモンスティック……１本
ホールトマト……400g
レモン……1/4個
白ワイン……500ml
バニュルス またはポートワイン（赤）……100ml
鶏だし……150ml
小麦粉……適量
オリーブオイル……大さじ３
塩、黒胡椒……各適量

※バニュルスはスペインとの国境にあるルーション地方の甘口赤ワイン。手に入れやすい国産のポートワイン風甘口赤ワインでも可。
※鶏だしはP44参照。

1―― 白いんげん豆は、たっぷりの水に浸して一晩おき、もどしておく。玉ねぎは繊維に沿って厚めに切る。セロリはそのまま、にんにくは株ごと横半分に切る。タイムはたこ糸で縛ってまとめる。レモンはくし形切りにする。

2―― 羊肉は５㎝角に切って、塩９gと黒胡椒を振り、小麦粉を薄くはたく。鍋にオリーブオイルを入れて中火にかけ、香りが立ったら肉を入れる。動かさずにしっかり焼き色をつけながら、全面を焼いて取り出す。

3―― 肉を取り出した鍋ににんにく、玉ねぎ、セロリ、タイム、シナモン、塩と黒胡椒各少々を入れて（写真a）炒める。全体に油が回って、少ししんなりとしたら、肉を戻す。

4―― 白ワイン、バニュルス、鶏だしを注ぎ（b）、強めの中火にかけて沸騰させ、アルコールをとばす。木べらで鍋底から混ぜて、肉を沈める。

5―― ホールトマトを手でつぶし入れ、レモンと水をきった白いんげん豆を入れる（c）。軽く塩をして混ぜ、再び沸いたら蓋をして弱火にし、２時間煮込む。途中、煮詰まり過ぎたら水を足す。味をみて、塩で調える。

a

b

c

バスク風
牛肉のフレッシュパプリカ煮込み

Axoa

Braiser 24cm

フランスからスペインへと、バスクを旅した。
実り豊かなアキテーヌ地方、
とりわけフレンチ・バスクの料理に欠かせない、
ピマン・エスペレットに魅了された。
フレッシュなパプリカに、
甘くスパイシーな唐辛子の風味が寄り添う。

ピマン・エスペレットは、バスク地方エスペレット村でつくられる唐辛子。優しい辛さと甘みがあり、バスク料理には欠かせない。少量を使うだけで、ぐっとバスクらしい味わいになる。輸入食材店やインターネットで入手可能。

【材料】つくりやすい分量

牛バラ肉（ブロック）……800g
玉ねぎ……１個
パプリカ（赤）……１個
にんにく（皮付き）……２片
トマト……２個
タイム……４枝
パプリカ（パウダー）……大さじ２
ピマン・エスペレット……小さじ1/2
鶏だし……300ml
小麦粉……適量
オリーブオイル……大さじ１
塩、黒胡椒……各適量
飾り用イタリアンパセリ……適量

※鶏だしはP44参照。

1—— 玉ねぎは繊維に沿って３mmの厚さに切る。パプリカは縦半分に切って軸と種を取り、半分の長さに切ってから１cm幅に切る。トマトはざく切りにする。タイムはたこ糸で縛ってまとめる。

2—— 牛肉は５cm角に切り、塩９g、黒胡椒を振り、小麦粉を薄くはたく。鍋にオリーブオイルを入れて中火にかけ、香りが立ったら肉を入れる。動かさずにしっかりと焼き色をつけながら、全面を焼いて取り出す。

3—— 肉を取り出した鍋に玉ねぎを入れて軽く炒め、油がなじんだらパプリカ、丸のままのにんにく、タイムを入れてざっくりと炒め合わせる。

4—— パプリカパウダー、ピマン・エスペレットを入れてさらに炒め（写真a）、全体がなじんで香りが出たら、鶏だし、トマトを入れて、肉を戻す（b）。ざっくりと混ぜ、沸いたら蓋をして弱火にし、２時間煮込む。途中、煮詰まるようなら水を足す。最後に味をみて、塩で調える。器に盛り、イタリアンパセリを散らす。

a

b

カッスーレ

Cassoulet

南西部のカルカッソンヌ、トゥールーズ、カステルノダリなど
地域ごと、また家庭ごとにさまざまな味があるが、いちばんシンプルで食べ飽きないレシピ。
カッスーレの主役は、鴨のコンフィや、ソーセージの旨味と脂を吸ったホクホクの白いんげん豆だ。
寒い季節に、一度は食べたくなる。

カッスーレの仕込み——その❶

鴨のコンフィをつくる

Round 24 cm

【材料】 4 本分

鴨もも肉……4 本（1kg）
玉ねぎ……2 個
にんにく……2 片
ローリエ……2 枚
ガチョウ脂……600g
塩……15g（肉の重さの 1.5%）

※ガチョウ脂は、グレスドワ、グースファットなどの名で市販されている。輸入食材店やインターネットで入手可能。豚のラードで代用してもよい。

1—— 鴨肉に塩をまぶし、半割りにした玉ねぎ、にんにく、ローリエと合わせて、冷蔵庫で一晩マリネする。

2—— 鍋に 1 をすべて入れる。鴨肉は皮目を上にすること。ガチョウ脂を入れ、蓋をせずに弱火にかける。

3—— 温度が上がるにつれ、だんだんと脂が透き通ってくる。温度計を用意し、点火と消火をこまめに繰り返しながら、80℃を超えないくらいの温度をキープして 2 時間半、加熱する。保存は脂に浸かったまま、玉ねぎとにんにく、ローリエだけを取り除き、清潔な密閉容器か、ポリ袋に入れる。骨を持って鴨肉を縦に持ち上げると肉が抜け落ちるので注意すること。冷蔵庫で 3 週間、冷凍保存ならさらにもつ。鴨のいいだしがしみ出た脂は、炒め物や揚げ物にも重宝する。

Arrange

ビストロの定番

鴨のコンフィ

鮮やかなロゼに火入れをした鴨むね肉は、レストランのごちそう。一方、もも肉のコンフィは、気さくなビストロ料理の定番として親しまれる、無骨で味わい深い、庶民の味。

1—— 左記 3 で完成したコンフィの脂をぬぐう。皮に毛が残っていると口当たりが悪いので丁寧に抜く。

2—— 鍋（ブレイザー）を中火にかけ、十分に熱したところへ、鴨肉の皮目を下にして置く。油は引かなくてよい。

3—— はじめは鍋にしっかりと張り付いているが、パリッとしてくると自然にはがれるようになるので、動かさずにじっくり焼く。こんがりと、いい焼き色がついたら裏返し、サッと焼く。クレソンとともに器に盛る。塩味はついているので、好みでマスタードを添えて。

カッスーレの仕込み——その❷

白いんげん豆を煮る

Oval 27cm

【材料】 つくりやすい分量

白いんげん豆……300g
玉ねぎ……1個
にんじん……大1/2本
にんにく……2片
タイム……1枝
ローリエ……1枚
水……1.5ℓ
塩……ふたつまみ

1—— 白いんげん豆は、大粒で柔らかい、国産の大福豆を使用。ざっと水洗いして、たっぷりの水（分量外）に浸し、一晩かけてもどす。

2—— 玉ねぎは芯の部分に十字の切り込みを入れる。にんじんも、縦に深く十字の切り込みを入れる。1の豆を水をきって鍋に入れ、そのほかの材料もすべて鍋に入れて、蓋をして中火にかける。

3—— 沸いたら弱火にして、豆が完全に柔らかくなるまで2時間煮る。煮汁はグラグラとさせず、コトコトと静かな状態をキープ。ときどき蓋を開けて確認する。煮上がった豆は、煮汁ごと冷ます。

仕上げ

カッスーレを焼く

Braiser 24cm

【材料】 つくりやすい分量

鴨のコンフィ……2本
生ソーセージ……2本
白いんげん豆（煮たもの）
……750g
豆の煮汁……300ml
鶏だし……100ml
コンフィの脂……大さじ5
塩……少々

※鶏だしはP44参照。

1—— 鍋に白いんげん豆を敷き詰め、豆の煮汁、鶏だしを注いで塩を振り、コンフィの脂を全体に回しかける。

2—— 1の上に脂をぬぐった鴨のコンフィ、生ソーセージをのせ、230℃に予熱したオーブンで40分焼く。

鴨のコンフィと白いんげん豆を使って、もう一品

ガルビュール

Garbure

Round 24 cm

カッスーレのために仕込んだ、豆やコンフィの残りを使い、
しみじみと味わい深いスープを。
野菜の甘さ、鴨肉の塩気、脂のコクが相まって、体の芯まで、じんわりと温まる。

ガルビュール

【材料】 つくりやすい分量
鴨のコンフィ……１本
白いんげん豆（煮たもの）……150g
玉ねぎ……１個
にんじん……1/2 本
じゃがいも……１個
かぶ……２個
キャベツ……３枚
ポロねぎ……1/3 本
にんにく……1片
ベーコン……80g
豆の煮汁……150ml
コンフィの脂……大さじ７
水……1.5ℓ
塩……適量

1―― にんにく以外の野菜は、すべて 1.5㎝角に切る。にんにくは皮をむき、丸のまま使う。ベーコンは１㎝幅に切る（写真a）。

2―― 鍋にコンフィの脂大さじ４を入れて中火にかけ、温まったらベーコンを炒め、香りが立ったらにんにく、にんじんを入れてざっと炒め、じゃがいももも入れる。

3―― 軽く炒めて全体に脂がなじんだら、玉ねぎ、かぶ、ポロねぎ、キャベツを入れ、軽く塩をして炒める。

4―― 全体に脂がなじんだら水を注ぎ（b）、沸いたら弱火にして 30 分煮る。スープをよどませたくないので蓋はしない。

5―― この間に、P61 のアレンジを参照にして鴨のコンフィを焼く。粗熱が取れたら骨と関節に沿って包丁を入れ、骨をはずす（c）。

6―― 4 が 30 分経ったら、白いんげん豆と煮汁、鴨の骨を入れ、鴨肉もほぐし入れる（d）。全体をなじませる程度に煮て、仕上げにコンフィの脂大さじ３を入れる。味をみて、足りなければ塩で調える。

a

b

c

d

Hungary
Czech Republic

中欧——ハンガリー／チェコ

旅を続けるうちに、
ヨーロッパの民族を意識するようになった。
北へ行くほど、夏が短く冬が長いから、素材も絞られる。
固いパンは、噛み締めるほどに小麦の旨味を感じて、止まらなくなる。
毎日違うものを食べるのではなく、
簡素ではあるけれど、
芳香を放つハーブ、滋味溢れる根菜や甘やかなスパイス使いで、
日々の食生活を楽しんでいる様子に和んだ。
そして、じんわり伝わる美味しさを表現したくなった。

赤いグーラッシュ
白いグーラッシュ

Goulash Budapest/Goulash Prague

パプリカをたっぷりと効かせた、おなじみハンガリーのグーラッシュ。
一方、パプリカをあまり料理に使うことのない、
チェコで食べたグーラッシュには、白いスープに、豚の内臓がゴロゴロと入っていた。

Hungary

赤いグーラッシュ

Goulash Budapest

Round 24 cm

薄切り肉ではなく、ゴロリと存在感のある牛肉で。
パプリカ独特の風味と肉の旨味が、
さらりとしたスープに溶け込む。

【材料】つくりやすい分量

牛バラ肉（ブロック）……1kg
玉ねぎ……2 個（300g）
にんじん……小 1 本（100g）
セロリ……30g
パプリカ（赤）……200g
にんにく……1 片
タイム……10 枝
ローリエ……1 枚
パプリカパウダー……大さじ 5
小麦粉……適量
鶏だし……800ml
ラード……大さじ 2
バター……30g
塩、黒胡椒……各適量

※鶏だしは P44 参照。

1—— 野菜類はすべてみじん切りにする。牛バラ肉は塩 13g（肉の重さの 1.3%）と黒胡椒をまぶし、8 等分に切る。

2—— 鍋にラードを入れて中火にかける。1 の牛肉に小麦粉を薄くはたき、全面をしっかりと焼き付けてから取り出す。

3—— 鍋に残った脂を軽く拭き取り、バターとにんにくを入れて軽く炒める。香りが出たらパプリカ以外の野菜を入れ、軽く塩と胡椒をして炒める。

4—— 野菜から水分が出て、全体がなじんできたら、タイム、ローリエ、パプリカを入れる（写真 a）。ざっとなじませてから、2 の牛肉を戻し入れる。

5—— 鶏だしとパプリカパウダーを入れて（b）ざっくりと混ぜ、沸いたら蓋をして、弱火で 2 時間半～ 3 時間煮込む。途中、煮詰まり過ぎたら水を足す。味をみて、塩と胡椒で調える。

a

b

白いグーラッシュ

Goulash Prague

Round 24 cm

赤とは一転、豚の内臓がたっぷり。
優しげな見た目と裏腹に、ワイルド。
しかし、味わいはどこまでも柔らかい。

【材料】 つくりやすい分量

豚ほほ肉……550g
豚タン……200g
豚耳……250g
玉ねぎ……400g
セロリ……50g
にんにく……1片
フェンネルシード……小さじ2
小麦粉……適量
白ワイン……300ml
鶏だし……600ml
牛乳、生クリーム……各50ml
ラード……大さじ2
塩、白胡椒……各適量

※肉類の割合は好みで、合わせて1kgになればよい。
豚ほほ肉は豚トロを使用しても。内臓系は必ず入れたい。
※鶏だしはP44参照。

1—— 豚ほほ肉と豚タンは、それぞれ肉の重さの1%の塩をまぶす。豚耳は同じく1.6%の塩をまぶす。冷蔵庫に一晩おき、それぞれ大きめの一口大に切る(写真a)。野菜類はすべてみじん切りにする。

2—— 鍋にラードを入れて中火にかけ、薄く小麦粉をはたいた肉類を焼く。あまり焼き色をつけず、表面が固まったら取り出す。

3—— 2の鍋ににんにくを入れて炒める。香りが出たら玉ねぎ、セロリを入れ、軽く塩と白胡椒をする。ざっと混ぜたら蓋をして1～2分蒸し、玉ねぎの辛みをとばす。

4—— フェンネルシードと小麦粉小さじ1を入れ、ざっと炒めて香りを出し、全体になじませる。2の肉類を戻し入れ、白ワイン、鶏だしを注ぎ、軽く塩をする。沸いたら蓋をして、弱火で2時間煮込む。

5—— 2時間後、表面に浮いた脂をすくい取ってから、牛乳、生クリームを入れる(b)。味をみて、塩と白胡椒で調え、ひと煮立ちさせる。

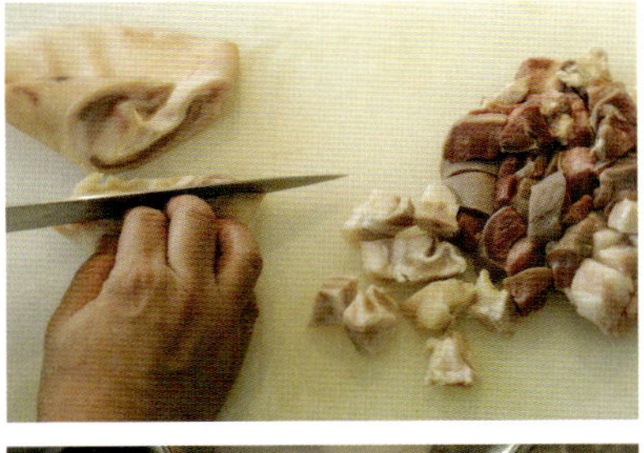

a

b

Hungary/Czech Republic

スペッツェル――グーラッシュのつけあわせに

Spätzle

Round 24 cm & 14 cm

モチッとした食感に、焦がしバターがからむ。
ゆるい生地を目の大きなザルや、玉じゃくしで
湯に落とすのが一般的だが、
湯の中で団子状に固まりやすい。
少し固めにして、削り落とすようアレンジした。

【材料】 つくりやすい分量

小麦粉……100g
卵……1個
ナツメグ……少々
オリーブオイル……小さじ1
バター（食塩不使用）……30g
水……50ml
塩、黒胡椒……各適量

1――ボウルに小麦粉と塩少々、ナツメグを入れ、卵を割り入れ、水を入れてホイッパーでなめらかになるまで混ぜ合わせる。

2――まな板などの平たい板にオリーブオイルを薄く塗ったところへ、1の生地を流し、パレットナイフで薄く均一にならす（写真a）。生地の表面にもオリーブオイルを塗り、全体にラップをかけて30分ほど落ち着かせる。暖かい時季は生地がだれやすいので冷蔵庫に入れるとよい。

3――2のラップをはがし、ラップについた生地もこそいで板の生地と合わせる。24㎝の鍋にたっぷりの湯を沸かしたところへ、生地を板の端からパレットナイフで細長く切るようにして、湯に落としていく（b）。

4――しばらくゆでて、生地が浮き上がったら、そこから5分ほど、しっかりとゆでる。そうすることでモチモチッとした食感になる。

5――生地をゆでる間に、14㎝の鍋にバターを入れて中火にかけ、焦がしバターをつくる。ゆで上がったスペッツェルを鍋に入れ、塩、胡椒をする。水分がとび、バターが全体にからめばOK。

a

b

Italia

イタリア

気になる料理のルーツを探ろうと、何度も足を運んだイタリア。
始めの頃は、列車で移動していたから、行動範囲も限られていた。
やがて、地図を見ながら車で各地を回るようになり、旅の仕方が変わった。
誰かに手配を頼むのではなく、全てを組み立てるのが自分の旅のスタイルになった。
そして、最高に旨いフライドポテトを食べたくて、
ルッカの山の中にある、リストランテに車を走らせた。
トスカーナを味わい尽くす旅の後、
その国のオリジナルを尊重しつつも、
単なる再現ではなく、もっと旨くする事を考えるようになった。
今、振り返ると、その後の自分の旅に、大きな影響を与えたと思う。

スペアリブのハーブグリル

Carré di maiale alla Lucca

Pure grill 26 cm

フィレンツェの市場を歩くと、
フレッシュなハーブをたっぷりと糸で巻きつけ、
あとは焼くばかりの肉が、ずらりと並ぶ。
ローズマリーとセージが、
自分にとっての忘れがたいトスカーナの香りだ。

【材料】 つくりやすい分量
豚スペアリブ……１kg
玉ねぎ……１個
にんにく……２片
レモン……3/4個
ローズマリー、セージ……各適量
オリーブオイル……適量
塩……10g（肉の重さの１％）
黒胡椒……適量

1── スペアリブに塩と胡椒をまぶし、一つにつき、長さ５㎝のローズマリー１本、セージ２～３枚をのせて、たこ糸でくるくると巻きつけ、しっかりと縛る（写真a）。

2── 玉ねぎは繊維を断つように輪切り、にんにくは皮をむき、縦半分に切る。レモンはくし形切りにする。

3── 1の肉に、にんにくとたっぷりのオリーブオイルをからめ、玉ねぎとレモンを香り付けにのせて15～20分おき、焼く直前に全体をからめてなじませる（b）。

4── グリルを中火にかけ、よく熱してから、3のハーブがのっていない側を下にして並べる。そのまま動かさずにしばらく焼く。

5── しっかりと焼き色がついたら、肉を裏返し（c）、弱火でじっくりと焼く。焼き始めからトータルで10分ほど焼き、９割がた、火が入ったら強めの中火にして仕上げ焼き。ハーブをカリッとさせる。

6── 火を止めて、骨側を下にして肉を立て、２～３分ほど、余熱で火を入れる。たこ糸を外して、器に盛る。

a

b

c

猪肉ラグーのパッパルデッレ

Pappardelle con ragù di Cinghiale

Round 24cm & 18cm

猪肉のラグーもまた、トスカーナを想起させる料理だ。
揚げるような感覚で、
カリカリに肉を炒められるかどうかが、
味わいの奥深さを大きく左右する。

【ラグーの材料】つくりやすい分量

猪肉の挽き肉……1.5kg
猪（または鶏）のレバー……10g
玉ねぎ……１個
にんじん……1/2本
セロリ……15g
にんにく……１片
トマト……２個
タイム……５枝
ローリエ……１枚
赤ワイン……750ml
鶏だし（なくても可）……50ml
バター（食塩不使用）……15g
オリーブオイル……大さじ５
塩、黒胡椒……各適量

※猪肉はインターネットなどで取り寄せ可能。挽き肉の状態ではなかなか売っていないので、ロースとバラ肉を入手し、２対１の割合でフードプロセッサーにかけるか、包丁で叩いて粗みじんにする。または、鴨の挽き肉や、豚肩肉と牛バラ肉が９対１の合い挽きでもおいしいラグーになる。

※鶏だしはP44参照。

1—— トマト以外の野菜をすべてみじん切りにする。トマトはざく切りにする。タイムはたこ糸で縛ってまとめておく。

2—— 24cmの鍋にオリーブオイル大さじ３を入れ、中火にかけて熱したところへ、猪肉をならすように入れ、塩10g、胡椒を振る。

3—— いじらずにそのまましばらく焼き付け、肉の周囲から脂と汁気が出てきたら、上下を返す。最初から肉をほぐそうとせずに、しっかりと焼き付けるようにして、徐々にポロポロとほぐしていく。脂が常に沸いている火加減をキープしながら、肉の粒がカリカリに揚がったような状態になるまで炒めたら（写真a）、ザルとボウルを重ねたところへあげて脂をきる。この脂も捨てずに取っておく。

4—— 肉を引き上げたあとの鍋にオリーブオイル大さじ２を入れて中火にかけ、トマト以外の野菜を炒める。にんにくの香りを立たせ過ぎないようにしたいので、一度にすべて入れて構わない。軽く塩、胡椒をして、しんなりとしたら３の肉を戻し入れて全体を混ぜる。

5—— 赤ワインと鶏だしを注ぎ、トマト、タイム、ローリエと、よく叩いてペースト状にしたレバーを入れる。ざっと混ぜて（b）、沸いたら蓋をして弱火にし、１時間半から２時間煮込む。仕上げにバターを落とし、塩、胡椒で味を調える。

a

b

c

パスタを仕上げる

【材料】１～２人分

猪肉のラグー……300g
パッパルデッレ（乾麺）……120g
肉を炒めたときに出た脂……適量
ペコリーノチーズ……適量
塩……適量

1—— 18cmの鍋にラグーを入れ、弱火で温めておく。大鍋に２ℓの湯を沸かし、塩20g（湯量の１%）を入れて、パッパルデッレをゆでる。

2—— １のラグーの鍋にゆで上がったパッパルデッレを入れ、ゆで汁大さじ３程度と、肉を炒めたときに出た脂大さじ１弱を入れ、ぐるぐると和えながらパスタにソースを含ませる（c）。器に盛り付け、砕いたペコリーノチーズをかけ、肉を炒めたときの脂を少々垂らす。

España
Portugal

南欧――スペイン／ポルトガル

ラテンが気になり出してから、
スペインは、カタルーニャとバスクを中心に、
ポルトガルは、ワインの産地を巡る旅に出た。
濃厚な風味の肉、豊かな海鮮、滋味深い山の恵みに圧倒された。
何を食べても飲んでも旨い。
この世の楽園のように感じて、熱いラテンの血に酔いしれた。
食事をたっぷりとってシエスタ。
ゆっくり楽しむ国民性が羨ましい。
そうして、いつの間にかそのリズムにのって踊りだし、
夜は更けていった。

アヒージョ・ヴァリエーション

Ajillo

にんにくとオリーブオイルの香りをまとった
野菜や魚介は、それだけでもおいしいが、
ハーブやスパイスでアクセントをつけてアレンジ。
仕上げに、粗塩のカリッとした食感を添えて

海老のアヒージョ

Camarón

Round 14 cm

【材料】 つくりやすい分量

才巻海老……10 尾（130g）
にんにく（厚さ 5㎜のスライス）……大 1 片
赤唐辛子……1 本
タイム……4 枝
オリーブオイル……大さじ 4
粗塩……適量

1—— 鍋に海老を殻付き、有頭のまま入れ、粗塩以外の材料をすべて入れて蓋をし、中火にかける。

2—— 鍋が熱くなり、パチパチと油の弾ける音がしてきたら、ざっくりと混ぜて、油を全体に回し、にんにくと赤唐辛子を下に沈める。もう一度蓋をして 1 ～ 2 分ほど加熱し、海老の色が完全に変わったら火からおろし、粗塩を振る。海老は火の通りが早いが、殻付きなので少々火を通し過ぎても固くならず、むしろプリプリとして甘みが出る。

マッシュルームのアヒージョ

Champiñón

Round 14 cm

【材料】 つくりやすい分量

マッシュルーム……200g
にんにく（厚さ 5㎜のスライス）……大 1 片
赤唐辛子……1 本
オリーブオイル……大さじ 6
粗塩……適量

1—— 鍋に粗塩以外の材料をすべて入れ、蓋をして中火にかける。

2—— 鍋が熱くなり、パチパチと油の弾ける音がしてきたら、全体に油を回すようにして混ぜ、にんにくと赤唐辛子を下に沈める。蓋をしてしばらく加熱したら、もう一度、全体を混ぜる。マッシュルームが少しくったりとするまで、トータルで 5 分ほど加熱すれば OK。仕上げに粗塩を振る。

芽キャベツのアヒージョ

Coles bruselas

Round 14 cm

【材料】 つくりやすい分量

芽キャベツ……200g
にんにく（厚さ 5㎜のスライス）……大 1 片
赤唐辛子……1 本
クミンシード……小さじ 1/2
オリーブオイル……大さじ 4
粗塩……適量

1—— 芽キャベツは芯に切り込みを入れる。鍋に粗塩以外の材料を入れ、蓋をして中火にかける。

2—— 鍋が熱くなり、パチパチと油の弾ける音がしてきたら、全体に油を回すようにして混ぜ、にんにくと赤唐辛子を下に沈める。蓋をしてさらに加熱し、もう一度、全体を混ぜて、再度、蓋をしてトータルで 5 分加熱する。外側の葉が少しこんがりとするくらいがおいしい。火を止めてしばらくおき、余熱で火を入れる。仕上げに粗塩を振る。

カリフラワーのアヒージョ

Coliflors

Round 14 cm

【材料】 つくりやすい分量

カリフラワー……200g
にんにく（厚さ 5㎜のスライス）……大 1 片
赤唐辛子……1 本
フェンネルシード……小さじ 1/2
オリーブオイル……大さじ 4
粗塩……適量

1—— カリフラワーは小房に分ける。鍋に粗塩以外の材料を入れて、蓋をして中火にかける。

2—— 鍋が熱くなり、パチパチと油が弾ける音がしてきたら、全体に油を回すようにして混ぜ、にんにくと赤唐辛子を下に沈める。蓋をしてさらに加熱し、もう一度、全体を混ぜて、再度、蓋をしてトータルで 5 分加熱したら、火を止めてしばらくおき、余熱で火を入れる。仕上げに粗塩を振る。

鴨ごはん

Arroz con pato

カリカリと香ばしく焼けた鴨肉に、
たれのしみ込んだジャスミンライス。
ポルトガルの料理には、
どこか日本人をホッとさせる、懐かしさがある。

Portugal

鴨ごはん

Arroz con pato

B raiser 24 cm

【材料】つくりやすい分量
鴨むね肉（マグレ鴨）……２枚（750g）
生ソーセージ……２本
にんにく（すりおろす）……１片
鶏だし……345ml
ジャスミンライス……500g
バター……10g
赤玉ねぎ（スライス）、香菜、松の実……各適量
水……750ml

塩、黒胡椒……適量
※鴨はシャラン鴨でも、合鴨でも。合鴨の場合は小さいので３枚用意する。
※鶏だしはP44参照。

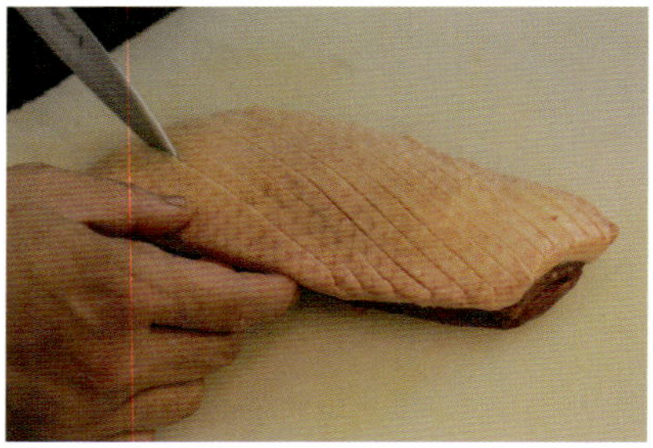

a

b

c

1―― 鴨肉は目立つ筋や血合いを取り除き、6gの塩（肉の重さの0.8%）と胡椒をまぶす。皮の端の、肉に沿って湾曲しているところを平らにならし、毛穴のラインに沿って斜めに格子状の切り込みを入れる（写真a）。こうすることで、焼いたときに脂がしっかりと出て、カリカリになる。

2―― 小鍋に鶏だし300ml分と、にんにくのすりおろしを入れて火にかけ、1/3量になるまで煮詰めておく。

3―― 鍋を中火にかけて熱し、1の鴨肉を皮目を下にして焼く。油は引かなくてよい。動かさずにしばらく焼き、皮目にこんがりと焼き色がついたら、肉を裏返し、生ソーセージも入れて軽く焼く（b）。鴨肉の身に軽く焼き色がついたら、もう一度、皮目を下にして弱火にし、カリカリになるまで焼いて、ソーセージとともに皿に取り出しておく。ここでは中まで火を通さなくていい。たっぷり出てきた鴨の脂は、とっておけば炒め物などに活用できる。

4―― きれいに洗った鍋に、ジャスミンライスと水、残りの鶏だし、バター、塩小さじ1/2を入れて混ぜて炊く。米は洗わず使う。蓋をして中火にかけ、沸騰したら弱火にして15分炊き、蒸らしておく。

5―― 3の鴨肉を、縦に２等分にしてからそれぞれ３等分に斜め切りにし、ソーセージも斜めに３等分に切る。4のジャスミンライスの上に、中央を空けるようにして並べ、皿に残った焼き汁もかける。2のたれも全体に回しかけ（c）、蓋をせずに230℃に予熱したオーブンで５～６分焼く。赤玉ねぎ、香菜、松の実を散らし、食べるときによく混ぜる。

Sicilia
Sardegna
Madeira

ヨーロッパの島——シチリア／サルデーニャ／マデラ

地中海に浮かぶ島々に飛行機で降り立つとき、
眼下に見える風景は、宝石の様にキラキラしていた。
海沿いの景色から一転、山に入れば、
自生している月桂樹や、野生の茴香の香りがまとわりつき、
否が応でも、料理する欲求を刺激する。
山の中にあるロッジで、牛肉の串焼きをした。
長テーブルに皿とカトラリーを用意して、
ラベルの付いてない地ワインを飲みながら、
外で食べる食事は格別だった。
島でしか食べられない、皆んなで分かち合う料理。
気持ちの良い風が吹いていた。

魚のクスクス

Cuscus siciliano

Oval 27cm

海を隔てて、アフリカ大陸を望むシチリアは、
食文化にも、イスラムの影響を色濃く残す。
クスクスも然り。
しかし、ここは陽光きらめくイタリア。
エキゾチックなスパイスと打って変わり、
フレッシュなハーブがアクセントとなる。

【材料】つくりやすい分量

小型の白身魚……２尾（400g）
有頭海老……４本
ムール貝……500g
あさり……500g
玉ねぎ……１個
にんじん……大 1/2 本
にんにく……１片
トマト……大２個
トマトピューレ……400g
サフラン……ひとつまみ
タイム（生）……３枝
オレガノ（生）……１枝
白ワイン……300ml
クスクス……300g
オリーブオイル……適量
塩、胡椒……各適量
レモン、オレンジ、イタリアンパセリ……各適量

※白身魚は切り身よりも丸ごと使うほうが、いい味が出る。ここではカサゴを使用。

1—— 魚はうろこを引いて内臓を抜き、全体とお腹の中に軽く塩、胡椒をする。ムール貝は表面をよく洗い、貝の間に挟まっている、足糸（ヒゲのようなもの）を引っ張って抜き取る。あさりは砂だしをしておく。玉ねぎ、にんじん、にんにくはみじん切りにする。トマトは角切りにする。

2—— 鍋にオリーブオイル大さじ３を入れて強めの中火にかけて熱したところへ魚を入れ、両面を焼き付けて取り出す（写真a）。こうすることで、魚の表面に残る少しの臭みを香ばしさに変化させる。続けて有頭海老も強火でサッと焼き、殻の香りが出たら、すぐに取り出す。

3—— 鍋に残った油は魚の臭みが出ているので拭き取る。新たにオリーブオイル大さじ３とにんにくを入れ、中火で炒めて香りが出たところへサフランを指でつぶしながら入れ、香りが立ったらトマト以外の野菜とタイム、オレガノを入れて炒める。

4—— 野菜がしんなりとしたら、ムール貝とあさり、トマト、トマトピューレ、白ワインを入れて、魚を戻す（写真b）。蓋をして強めの中火にかけ、沸いたら中～弱火にして、全体がなじむまで 30 分ほど煮込み、最後に海老を戻してさっと火を通し、塩と胡椒で味を調える。

5—— 耐熱容器にクスクスを入れる。別鍋でクスクスと同量の水（分量外）と塩ひとつまみ、オリーブオイル小さじ１を混ぜて沸かしたものをクスクスに回しかけ、ラップをしてしばらくおいてふやかす。団子状に固まったところはほぐす。

6—— 5 のクスクスに 4 の煮汁を適量混ぜ合わせて器に入れたところへ、魚介を一緒に盛り付ける。好みでレモン、オレンジ、イタリアンパセリなどを添える。

a

b

パーネ・カラザウ

Pane carasau

S quare dinner plate 24cm

サルデーニャで親しまれる薄焼きパン。
大きなドーム状に焼いた生地を２枚に分け、
パリパリに二度焼きをするのが定番だが、
ドーム状のまま、熱々を食べさせる店があった。
広がる粉の香りが、忘れられない。

【材料】 直径約 15㎝４枚分

＜元だね＞
強力粉……100g
セモリナ粉……25g
ドライイースト……2g
塩……ひとつまみ
水……60ml

＜追いだね＞
強力粉……55g
セモリナ粉……15g
ドライイースト……３g
塩……ひとつまみ
水……50ml

打ち粉……適量
塩、黒胡椒、オリーブオイル……各適量

1── 前日に元だねを仕込む。水以外の材料を台の上にのせ、指で全体を混ぜ合わせてから寄せ集める。中央をくぼませたところへ、水を３回に分けて入れながら、指で粉の土手を少しずつ崩すように混ぜ合わせていく（写真 a）。ある程度混ざったら、カードを使ってひとまとめにする。

2── 打ち粉を少々して、生地を半分に折りながら、手のひらの腹の部分で押す作業を繰り返す。生地の表面がなめらかになったら、オリーブオイル（分量外）を薄く塗ったボウルに入れ、ラップを張る。ラップの表面に串で数カ所、空気穴を開けて、常温で翌日までねかせる。

3── 翌日、元だねと同じ手順で追いだねをつくる。元だねで追いだねを包み込むようにして合わせ（b）、５分ほどこねてまとめる。元だね同様、オリーブオイル（分量外）を薄く塗ったボウルに入れてラップを張り空気穴を開け、暖かい場所で生地が２倍にふくらむまで発酵させる。

4── オーブンを 250℃に設定し、スクエアディナープレートを入れて十分に熱くしておく。この間に、台に打ち粉をして、3 の生地を４等分にしてそれぞれを丸めながらガス抜きする。手のひらで平らにつぶしてから、綿棒で ２㎜の厚さにのばす。

5── 十分に熱したプレートの上に、ターナーなどを使って生地を１枚ずつのせて焼く。１分焼いたところで手早く裏返し、さらに２分焼く（c）。庫内の温度を高温に保つため、作業は素早く。

6── 熱々に塩、胡椒を振り、オリーブオイルをたっぷりとかける。好みでペコリーノチーズなどを削ってもいい。

a

b

c

牛肉のマデラ酒煮込み

Cozido à Madeira

Round 24 cm

熟成の若いマデラ酒や、
同じぶどう品種でつくられる赤ワインを使った煮込みは、
現地でも親しまれているが、自分がつくるならどうするか？
塊の牛肉、たっぷりの玉ねぎに、
旨いマデラ酒を一本、惜しげもなく注いで。
ひたすらリッチに。たまにはこんなのもいい。

【材料】つくりやすい分量
牛バラ肉（ブロック）……1kg
玉ねぎ……4個（750g）
にんにく……3片
トマト……1個
ローリエ……3枚
マデラ酒……750ml
赤ワイン……200ml
小麦粉……適量
バター（食塩不使用）……60g
オリーブオイル……大さじ2
塩、黒胡椒……各適量

1—— 牛肉は13gの塩（肉の重さの1.3%）と胡椒をまぶし、大ぶりの4等分に切る（写真a）。玉ねぎは繊維に沿って薄くスライスする。にんにくはみじん切り、トマトは角切りにしておく。

2—— 1の牛肉に小麦粉を薄くはたく。鍋にオリーブオイルを入れて中火で熱し、肉を焼く。全面にしっかりと濃い焼き色がついたら取り出し、鍋に残った油を拭き取る。

3—— 2の鍋にバターを入れて溶かし、玉ねぎ、ローリエ、塩小さじ1、胡椒少々を入れる（b）。ざっと炒めてバターがなじんだら、蓋をしてしばらく蒸し焼きにする。

4—— 玉ねぎがしんなりとして、かさが減ったらにんにくを入れて、肉を戻す。にんにくは香り付けでなく、味の支えとして使いたいので、後入れにする。マデラ酒をたっぷり注ぎ（c）、赤ワイン、トマトを入れてざっと混ぜたら、蓋をして弱火にし、3時間を目安に煮込む。途中、水分が煮詰まり過ぎたら水を足す。最後に味をみて、塩と胡椒で調える。

a

b

c

Turkey
トルコ

祈りの時を知らせるアザーンが、街中に響き渡る。
火傷しそうに熱い、レンズ豆のスープで始まるイスタンブールの朝。
秩序と混沌が入り混じり、濃厚な香りを放つ人々。
ヨーロッパ的な解釈と、
アジア的な手法を上手く取り入れた、混じり合う料理。
決して刺激を与えるような味わいではなく、
初めて食べるのにどこか懐かしい。
ふと……、全ての料理はここから飛び火して何処までいくのか？
どんな影響を周りの国々に与えてきたのか？
長く東西に延びる羊ロードを突き詰めたくなった。
未だ見ぬ世界へ……。

クラシックな羊のケバブ

Şış kebabı

イスタンブールに着いてすぐ、路地裏の地元客が集まる店で
炭焼き台の前に陣取り、旨いケバブを食べた。
こちらが料理人と知ると、「お前も焼いてみろ！」と手招き。
どこの国でも、料理は共通言語になる。
あの味と時間が忘れられず、帰国前夜に、再び駆け込んだ。

【材料】 26㎝のピュアグリルで
つくりやすい分量

子羊肩肉……1kg
にんにく（すりおろし）……1片
プレーンヨーグルト……大さじ1
マスタード……大さじ1
オリーブオイル……小さじ2
塩……12g
黒胡椒……適量
赤玉ねぎ、トマト、イタリアンパセリ、スマック（赤紫蘇のような風味のトルコのハーブ）……各適量

1　羊肉は2～3口で食べられる大きさに切り、塩、胡椒をまぶしてから、にんにく、ヨーグルト、マスタード、オリーブオイルを混ぜたところへ漬け込む。マリネするのは焼く直前でもよい。

2　金串に肉を刺す。同じ厚みになるように刺すと、焼きムラができにくい。

3　ピュアグリルを中火で熱し、サラダ油少々（分量外）をなじませ、**2**を並べる。動かさずにしばらく焼き、いい焼き色がついたら金串を返し、少し火を弱めて、もう片面もじっくり焼く。

4　金串から肉を外して器に盛り、赤玉ねぎのスライス、トマトの角切り、イタリアンパセリを添え、スマックを振りかける。

ベイコス ケバブ

Beykoz kebab

B raiser 24cm

炭火や直火ではなく、鍋で蒸し焼きにするケバブ。
焼いた香ばしさと、柔らかな煮込み、
両方のいいとこ取りみたいな料理だ。
羊肉の脂を吸い込んだなすが、陰の主役。

【材料】 つくりやすい分量

子羊肩肉……350g
小なす……8個
トマト（固めのもの）……大1個
にんにく（厚めのスライス）……2片
ドライオレガノ……大さじ1
玉ねぎ（横に半割りにする）……1/2個
オリーブオイル……150ml
塩、黒胡椒……各適量

1—— 羊肉は16等分になるように切り、塩小さじ1弱と胡椒をまぶす。小なすはヘタの周囲にくるっと包丁を入れてはかまの部分だけをはがし（写真a）、縦半分に切って、軽く塩、胡椒をする。トマトは縦4等分にしてから1切れを横4等分に切り、軽く塩、胡椒をする。短い串か楊枝に羊肉、なす、トマトの順に刺す（b）。

2—— 鍋の中央に土台として玉ねぎを置き、その周囲に放射状に串を並べる。上からドライオレガノを振り、にんにくを串の間に埋め込むように散らす（c）。オリーブオイルを回しかけ、蓋をして中火にかける。

3—— 徐々に鍋が温まり、油が沸いて野菜の水分と反応してパチパチと大きな音が立ち始めたら、そこから4〜5分、加熱する。たっぷりのオイルと野菜の水分で、焼くと煮るの両方を兼ねる。

4—— 蓋を開け、鍋底に当たった部分がこんがりと焼けたら串をひっくり返す。火を止めて玉ねぎをいったん外すとやりやすい。この時点で肉にも火は通っているが、もう一度蓋をして中火にかけ、なすがトロッとしてくるまで数分加熱する。

a

b

c

STAUB
STAUB

羊のキョフテ

Köfte

Braiser 24cm

トルコ版ミートボールのキョフテもまた、老若男女に愛される味。
羊、鶏、牛肉をベースに、木の実が入ったり、唐辛子を効かせたりする。
野菜と一緒に、薄焼きのパンで包んでも。

【材料】 つくりやすい分量

子羊挽き肉……1kg
玉ねぎ……1/2 個
にんにく……1 片
ピスタチオ……50g
松の実……10g
クミンパウダー……大さじ 1
シナモンパウダー……小さじ 1
オリーブオイル……大さじ 2
塩……12g（肉の重さの 1.2%）

1—— 玉ねぎ、にんにくはみじん切りにする。ピスタチオ、松の実は乾煎りする。

2—— まな板にピスタチオと松の実を広げ、包丁で粗く刻む。その上に挽き肉を広げて、塩、クミンパウダー、シナモンパウダーをかけ（写真 a）、包丁で切るようにして混ぜる。

3—— ある程度混ざったら、玉ねぎとにんにくも入れ、さらに包丁で切り混ぜながら（b）、ねっとりと粘りが出る状態になったらボウルに移す。

4—— 手にオリーブオイル（分量外）をつけ 3 のたねを 30g ずつ取り、ラグビーボール状に成形する。

5—— 鍋にオリーブオイルを入れて中火にかけ、油を鍋全体になじませたら、4 を放射状に並べる。柔らかく、並べるのに少し手間がかかるので、いったん火を止めてもよい。この分量で、たねは少し多めにできる。

6—— すべて並べたら蓋をして中火にかける。しばらくして、パチパチとする音が激しくなったら、様子をみる。肉の表面の色が白く変わり、一つ返してみて焼き色がしっかりついているのを確認したら、いったん火から外して、裏返す（c）。崩れやすいので慎重に。もう一度、蓋をして中火にかけ、パチパチと音がしてきたら 2 ～ 3 分蒸し焼きにする。

a

b

c

Turkey

坊さんも気絶するほど旨いなす

İmam bayıldı

Round 24 cm

という名前の、トルコのメゼ（冷たい前菜）の定番料理。
オリーブオイルの量に驚くが、これが旨い。
本場では大きななすを使い、砂糖やレモンで甘酸っぱく仕上げるが、
小なすで一口サイズに、スパイスで甘さのニュアンスを出した。

【材料】 つくりやすい分量

小なす……15 個
玉ねぎ……1/4 個
にんにく…… 1 片
トマト…… 2 個
干しぶどう（緑）……30g
クミンパウダー……小さじ 2
シナモンパウダー……小さじ 2
玉ねぎ（横に半割り）……1/2 個
オリーブオイル……430ml ～
塩……小さじ 1
イタリアンパセリ……適量

1—— 小なすはヘタの周囲にぐるっと包丁を入れ、はかまの部分をはがし、縦半分に切る。玉ねぎ、にんにくはみじん切り、トマトは粗く刻む。

2—— 鍋にオリーブオイル 80ml を入れて中火にかける。1 のなすの半量を、断面を下にして並べ、中身が柔らかくなり、断面が薄いきつね色になるまで焼いたら取り出す。減った分のオリーブオイルを適宜継ぎ足し、残りのなすも同様に焼く。粗熱が取れたら、なすの中身をスプーンでくり抜く（写真 a）。

3—— まな板に 2 でくり抜いたなすの中身、玉ねぎ、にんにく、トマト、干しぶどう、クミンパウダーとシナモンパウダーをのせ、包丁で細かく叩き合わせながら（b）ペースト状にし、塩を混ぜる。

4—— 2 のなすのくり抜いた部分に、3 のペーストを詰める。動かないよう鍋の中央に玉ねぎの半割りを置き、なすをぎっしりと並べたら、オリーブオイル 350ml を回しかけ（c）、蓋をして弱火にかける。鍋が温まり、油が沸く音がしてきてから 15 分加熱し、そのまま冷ます。密閉容器などに油ごと移し、冷蔵庫で冷やす。器に盛り、イタリアンパセリを添える。

a

b

c

Turkey

花嫁のスープ

Ezogelın çorbası

Round 24 cm

エゾという名の花嫁がつくったと言われる、しみじみと温まるスープ。
本式は濃厚なトマトペーストや、挽き割り小麦のブルグルを入れ、
もっとどろりとしているのだが、
フレッシュな野菜と豆の自然なとろみだけで、さらりとつくってみた。

【材料】 つくりやすい分量
赤レンズ豆……300g
玉ねぎ……1/2 個
にんじん……1/2 本
セロリ……15g
にんにく……1/2 片
トマト…… 2 個
ローリエ…… 1 枚
水…… 1 ℓ
オリーブオイル……大さじ 2
塩……適量

※赤レンズ豆はレンズ豆の皮をむいたもので、
オレンジ色をしている。火が通りやすいので、
浸水の必要はない。

1—— 玉ねぎ、にんじん、セロリはみじん切りにする。トマトは 5㎜角に切る。にんにくは芯を取る。

2—— 鍋にオリーブオイルとにんにくを入れて中火にかけ、香りが立ったら玉ねぎを入れて軽く塩をして、透き通るまで炒める。にんじん、セロリも入れ、軽く塩をしてさらに炒める。

3—— 野菜に油がなじんでしんなりとしたら、赤レンズ豆を入れて（写真a）ざっくりと炒めて油をなじませ、トマトも入れて炒める。

4—— ローリエと水を入れて強めの中火にし（b）、沸いたら弱火に落として蓋をし、1時間を目安に煮る。途中、煮詰まったら（c）水を足して、具がかぶる程度の水量をキープする。豆が煮崩れ、トロトロになれば完成。味をみて塩で調える。器に盛り、オリーブオイル（分量外）を垂らす。好みでドライミントを振りかけてもいい。

a

b

c

Bali
China
India

アジア——バリ／中国／インド

アジア、とひとくくりにはできないのだけれど。
自分が最初に興味を抱いたのは、肉の扱い方だった。
塩漬けやぶつ切り、ミンチにしてと、バリエーションも豊か。
ハーブというより、薬味に近い葉物と、
適度な辛味をミックスして、主食というよりもおかずになる肉。
その国の気候に合った、料理の濃度を考えさせられた。
瑞々しい素材を手早く料理して、何種類か並べてみんなで食べる。
日本にも通じる食卓。
アジアのどこへ行っても、街角で、夢中で肉を頬張った。
今でも、あの匂い立つ美味さは忘れられない。

バビ グリン

Babi guling

イスラムを信仰するインドネシアにあって、バリ・ヒンドゥーが中心のここでは、豚肉が主役。
スパイスを詰めた豚の丸焼きを切り分け、ごはんに盛る。
パリパリの皮や内臓が旨くて、夢中になって平らげた。
同じ材料は揃わないけれど、あの皮をもう一度。イマジネーションをふくらませた一皿。

【材料】24cm のブレイザーでつくりやすい分量
豚バラ肉（皮付きのブロック）……500g
サラミ（ソフトタイプ）……30g
豆板醤、はちみつ……各小さじ 1
エシャロット、にんにく……各適量
香菜……適量
炊いたジャスミンライス……適量
ラード……大さじ 2
ピーナッツオイル（またはサラダ油）……150ml
塩……7g
黒胡椒……適量

1　豚バラ肉に塩、胡椒をまぶし、ラップに包んで冷蔵庫に一晩おく。サラミは細切りにして、豆板醤、はちみつと和えておく。エシャロット、にんにくは薄くスライスして、カリカリに素揚げしておく。

2　ブレイザーにラードとピーナッツオイルを入れて中火にかけ、豚肉を皮目を下にして入れ、蓋をする。鍋が十分に熱くなり、バチバチと油がはねる音がしてきたら弱火にし、20 分加熱する。途中で裏返さず、皮目からだけで完全に火を通す。

3　仕上げに、蓋を外して火を少し強める。皮目にボコボコと気泡ができて、カリカリに焼き上がったら火からおろす。

4　**3** を皮目を下にした状態でスライスし、ジャスミンライスにのせる。サラミを和えたもの、素揚げしたエシャロット、にんにくに、香菜を添える。

塩漬け豚三枚肉と発酵白菜の鍋

酸菜白肉鍋

Round 24 cm

乳酸発酵させた白菜は、すごい威力だ。
豚や羊と、ひたすら煮込んだだけで
えもいわれぬ美味をつくり出してくれる。
北京の冬、凍えるような寒さのなか、
ホッと一息をついた。

【材料】 つくりやすい分量
豚バラ肉（ブロック）……1kg
発酵白菜……400g
発酵白菜の汁……300ml
鶏だし（または水）……200ml
塩……13g（肉の重さの1.3%）
黒胡椒……適量

〈発酵白菜〉
白菜……1.5kg
にら……50g
りんご……1個
生姜（スライス）……30g
にんにく（皮をむく）……3片
青唐辛子……3本
米のとぎ汁……1.5ℓ
塩……適量

※鶏だしはP44を参照。

1—— 発酵白菜を仕込む。白菜はざく切りにし、塩大さじ2でもんで一晩おき、水気を絞る。にらはたこ糸で縛ってまとめる。りんごは皮付きのまま8つ割りにして芯を取る。米のとぎ汁は一回沸かしてから冷まし、塩小さじ2を溶かしておく。

2—— 煮沸した保存瓶に1の材料すべてと生姜、にんにく、青唐辛子を入れ、常温で1日おく。汁気が上がってくるので下に受け皿を敷くといい。1日経ったら冷蔵庫に入れ、ときどき蓋を開けてガス抜きしながら一週間ほど発酵させる（写真a）。韓国料理の水キムチのような感覚で、そのままでもおいしく食べられる。

3—— 豚肉は分量の塩と胡椒をまぶし、8等分に切る。鍋に豚肉と発酵白菜を並べ（b）、発酵白菜の汁、鶏だしを注ぎ、蓋をして中火にかける。沸いたら弱火にし、2時間煮込む。途中、煮詰まったら水を足して、ひたひたの状態をキープする。味をみて、塩で調える。

a

b

ケララのカレー盛り合わせ

Red fish curry / Duck keema / Vegetable curry

Braiser 24 cm & Round 18 cm

ケララ出身のインド人の友人がいる。
彼のお母さんに、ごちそうしてもらったカレーから
インスピレーションを得た、魚、肉、野菜の３つのカレー。
オイルを一切使わず、さらりと仕上げた。

はじめに

3品に共通の味のベース
ミックススパイスをつくる

Braiser 24 cm

【材料】 つくりやすい分量

ブラックペッパー（ホール）……大さじ３
ココナッツファイン……大さじ２
クミンシード……大さじ１
A　マスタードシード……小さじ１
　フェネグリーク……小さじ1/4
　ブラックカルダモン（中身のみ）……３粒
　カレーリーフ……６～７枚
B　ガーリックパウダー……小さじ１
　ターメリック……大さじ１

1――鍋にブラックペッパーを入れ、中火にかけて乾煎りする。香りが立ってきたらココナッツファインとクミンシードを入れてさらに煎る。香りが上がってきたら、Aも入れて軽く煎り（写真a）、火からおろす。

2――1をフードプロセッサーにかけて細かく粉砕し、ボウルに移してBを混ぜる（b）。

a

b

Braiser 24cm

白身魚のカレー

――トマトの酸味も爽やか

Red fish curry

【材料】 つくりやすい分量

白身魚のぶつ切り（骨付き）……500g
玉ねぎ……１個
ホールトマト……600g
ミックススパイス……大さじ３
塩……適量

※白身魚は本書では鯛を使用。２枚おろしをぶつ切りにした。

1―― 白身魚には軽く塩を振る。玉ねぎはみじん切りにする。ホールトマトはなめらかに漉すか、手でよくつぶしておく。

2―― 鍋に玉ねぎと塩ふたつまみを入れてざっくりと混ぜ、蓋をして中火にかける。鍋が熱くなり、玉ねぎが汗をかく状態になったら白身魚をのせる（写真a）。

3―― ホールトマト、ミックススパイスも入れ（b）、ざっくりと混ぜたら蓋をする。沸いたら弱火にして５分煮る。蓋を外して、好みの具合に煮詰め、塩で味を調える。

a

b

Braiser 24cm

鴨のキーマカレー

――鴨脂のコクがスパイスと混ざり合う

Duck keema

【材料】 つくりやすい分量

鴨の挽き肉……700g
玉ねぎ……１個
ミックススパイス……大さじ４
鶏だし……300ml
塩……適量

※鶏だしは P44 参照。

1―― 鴨肉に塩８gをざっくりと混ぜる。玉ねぎはみじん切りにする。

2―― 鍋に玉ねぎと塩ふたつまみを入れてざっと混ぜ、蓋をして中火にかける。鍋が熱くなり、玉ねぎが汗をかく状態になったら、上から鴨肉を広げる。

3―― 鶏だしを注いで加熱しながら全体をほぐしたところへ、ミックススパイス大さじ３を入れて混ぜ（写真a）、蓋をして弱火にする。５分ほど煮て、鴨肉に火が通って全体がなじんだら、蓋を外して水分をとばす。仕上げにミックススパイス大さじ１を入れ（b）、塩で味を調える。

a

b

Round 18 cm

野菜カレー――緑豆の優しい甘さととろみがまとめ役

Vegetable curry

【材料】 つくりやすい分量

ムングダール……25g
玉ねぎ……1/2 個
大根……250g
なす…… 1 本（150g）
トマト…… 2 個
香菜（葉を摘んで）……10g
ミックススパイス……大さじ 2
タマリンドペースト……大さじ 2
塩……適量

※ムングダールは皮なしの緑豆。タマリンドはマメ科の甘酸っぱい果実で、サヤのなかのねっとりとした黒い果肉を少量の水で溶き、ペースト状にする。もしくはペーストの瓶詰めなどを使用する。いずれも、アジア食材店やインターネットで入手できる。

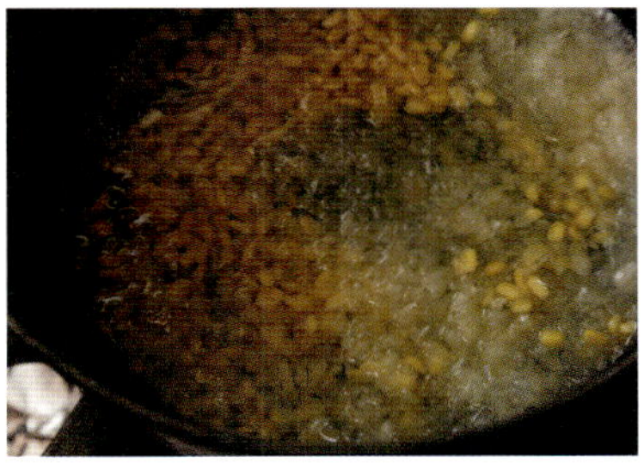

a

b

1―― 玉ねぎはみじん切りにする。大根、なす、トマトはそれぞれ 7㎜の角切りにする。香菜は粗みじん切りにする。

2―― 鍋にムングダールと豆がかぶるくらいの水(分量外) を入れて中火にかける(写真 a)。沸いたら蓋をして弱火にし、15 ～ 20 分ほど煮込む。

3―― 豆が柔らかくなったら玉ねぎを入れて中火にし、軽く塩をして混ぜ、しんなりとしたら、そのほかの野菜とミックススパイス、タマリンドペーストを入れてひと混ぜする。ひたひたの水を注いで（b）蓋をし、沸いたら弱火にして 20 分煮る。塩で味を調える。

We are Team Mardi Gras!
M
G

U.S.A

アメリカ

「マルディ グラ」のテーマの一つに、
ケイジャンやクレオールがある。
スパイス、川魚、肉を上手くコンビネーションした料理。
店を開けて直ぐ、ニューオリンズへ飛んだ。
ニューヨークやロスアンゼルスとも違う、
コロニアルな雰囲気と音楽、料理が好きで、
田舎臭いが、それがまた良い。
ロードサイドの何気ないダイナーも面白いのだ。
また車で回ってみたいなぁ。
ドキドキするハプニングを期待したりして。

【材料】つくりやすい分量
パン（ソフトタイプのバゲットやチャバタなど）
……15～16㎝
ロースハム…… 2 枚（100g）
ピクルス（スライス）……40g
グリュイエールチーズ……50g
フレンチマスタード……適量
バター……10g

1　パンは横半分に切る。シャローオーバル ホットプレートを中火で熱し、パンの断面を軽く焼く。

2　パンがまだ温かいうちに、片面にグリュイエールチーズ、ロースハム、ピクルスをのせ、もう片面にフレンチマスタードを塗ってサンドする。

3　シャローオーバル ホットプレートを弱火で熱したところへバターの半量を溶かし、パンを置く。パンの上にアルミホイルを一枚のせ、その上に 20㎝以上のラウンドかオーバルの鍋をのせ、両手で取っ手を持ち、ぎゅっと体重をかけるように重石をかける。パンがしっかりとつぶれ、こんがりと焼き色がついたら、パンを端に寄せて残りのバターを溶かし、もう片面も同様に焼く。

キューバ・サンドウィッチ

Cubano

ハムとチーズを挟んだ、単なるホットサンド、なのかもしれない。
でも、初めて、アメリカでこれを食べたとき、
素朴なサンドウィッチに、クレオールの歴史が詰まっていると感じた。
ジョン・ファヴローの映画『CHEF』を観たら、久しぶりに食べたくなった。

バーベキュー・シュリンプ

BBQ Shrimp

Pure grill 26 cm

自家製ケイジャンスパイスに、
さらに黒胡椒をピリっと効かせてスパイシーに。
手づかみで、殻までしゃぶりつくしたい。

【材料】つくりやすい分量
有頭海老……大6尾（550g）
ケイジャンスパイス……大さじ1
粗挽き黒胡椒……大さじ1
オリーブオイル……大さじ2
バター（食塩不使用）……30g
塩……小さじ1
赤玉ねぎ、レモン、ライムの輪切り……各適量

＜ケイジャンスパイス＞
ブラックペッパー、クミンパウダー、タイム、オレガノ、パプリカパウダー……各大さじ1
ガーリックパウダー……小さじ1
ローリエ、カイエンヌペッパー……各少々

※スパイスはすべて乾燥の粉末、または粉砕したもので、すべてを混ぜ合わせる。P110のガンボ・スープ、P112のジャンバラヤにも、このスパイスを使う。

1—— 海老は殻付きのまま、長い触覚だけ切り、分量の塩をまぶしてから、ケイジャンスパイス、粗挽き黒胡椒、オリーブオイルをからめる（写真a）。

2—— ピュアグリルを中火にかけて熱したところへ、1の海老を並べる。火が強いとスパイスがすぐに焦げるので注意する。30秒ほど焼き、殻の色が変わったら裏返し、同様に焼く。海老は火の通りが早いので、殻の全面がしっかり赤く変わればよい。少々、焼き過ぎても、殻を通して間接的に火が入るので、固くなりにくい。仕上げに角切りにしたバターを散らし（b）、赤玉ねぎ、レモン、ライムを添える。

a

b

ガンボ・スープ

Gumbo

Oval 27cm

南部ルイジアナの味、
野菜に肉、甲殻類たっぷりの、言わば、ごった煮スープだが、
バターの風味とスパイスの香りが溶け込んで、
どこか洗練された味わいになる。

【材料】 つくりやすい分量

海老……大 8 尾
生ソーセージ…… 3 本（250g）
ベーコン……110g
にんにく（皮をむく）…… 2 片
玉ねぎ…… 1 個
じゃがいも…… 1 個
オクラ…… 5 本
パプリカ（赤）…… 1 個
マッシュルーム……10 個
トマト……大 1 個
ケイジャンスパイス……大さじ 1
鶏だし（または水）……300ml
バター（食塩不使用）…… 60g
塩、黒胡椒……各適量

※ケイジャンスパイスは P109 参照。
※鶏だしは P44 参照。

1—— 海老は殻をむいて背ワタを取り、軽く塩、胡椒をしておく。生ソーセージは一口大に切り、ベーコンは 3cm 幅に切る。玉ねぎ、じゃがいも、パプリカ、マッシュルーム、トマトは 5mm 角に切る。オクラは長さ 2cm に切る。

2—— 鍋にバターとにんにくを入れて中火にかける。にんにくの香りが出たら玉ねぎを入れて軽く塩を振って炒める。バターがなじんだら、トマト以外の野菜をすべて入れて炒める。

3—— 野菜が少ししんなりとしたら鍋の片側に寄せ、空いたところに海老を入れて焼く（写真 a）。表面の色が変わったくらいで、生ソーセージとベーコンも入れ、全体をざっくりと混ぜる。

4—— ケイジャンスパイスを入れて混ぜたところへ（b）、トマト、鶏だし、水 300ml（分量外。鶏だしを使わない場合は 600ml）を入れて軽く塩をして混ぜる（c）。鶏だしがないときは水を 600ml に。沸いたら蓋をして弱火にし、30 分煮込む。味をみて、塩で調える。

a

b

c

ジャンバラヤ

Jambalaya

Round 24 cm

カーペンターズの曲のタイトルにもなった、
ガンボと並ぶケイジャン料理の代表格。
手に入れば、ザリガニはぜひ入れたいところだ。
さまざまな素材のエキスを吸い込んだ、米が美味。

【材料】 つくりやすい分量

食用ザリガニ（ボイルしたもの）……10 尾
骨付き鶏もも肉……２本
ボロニアソーセージ……150g
玉ねぎ……１個
にんにく……２片
パプリカ（赤、黄）……各 1/2 個
ピーマン……２個
マッシュルーム……５個
ポロねぎ……1/3 本
トマト……大１個
ケイジャンスパイス……大さじ３
ジャスミンライス……400g
鶏だし……600ml
バター（食塩不使用）……50g
塩、黒胡椒……各適量

※食用ザリガニはボイルした冷凍ものをインターネットで入手可能。もしくは海老で代用する。生きているザリガニが手に入った場合は、酢と塩少々を入れた湯で色が変わるくらいにゆでて、氷水にとってから使う。
※ケイジャンスパイスは P109 参照。
※鶏だしは P44 参照。

1―― 骨付き鶏もも肉は関節のところから半分に切り、小さじ１弱の塩と胡椒をまぶす。玉ねぎ、にんにくはみじん切り、そのほかの野菜は７㎜角に切る。ボロニアソーセージは２㎝角に切る。

2―― 鍋を中火にかけてバターを溶かし、1 の鶏肉を皮目を下にして入れる。しっかりと焼き色をつけたら取り出し（写真 a）、玉ねぎとにんにくを入れる。軽く塩、胡椒をして炒め、しんなりとしたらトマト以外の野菜を入れ、ざっくりと炒める。

3―― バターが全体になじんだら、ケイジャンスパイスを入れて炒め合わせ、スパイスと野菜の混じり合う香りが立ってきたらジャスミンライスを入れ、全体を混ぜてなじませる。

4―― 野菜と米を平らにならし、ボロニアソーセージを散らし、2 の鶏肉とザリガニを並べ、トマトを散らす。鶏だしを注いで（b）蓋をし、強めの中火にかける。沸騰し、シュンシュンと湯気が上がってきたら弱火にして 15 分炊き、火を止めて 15 分蒸らす。

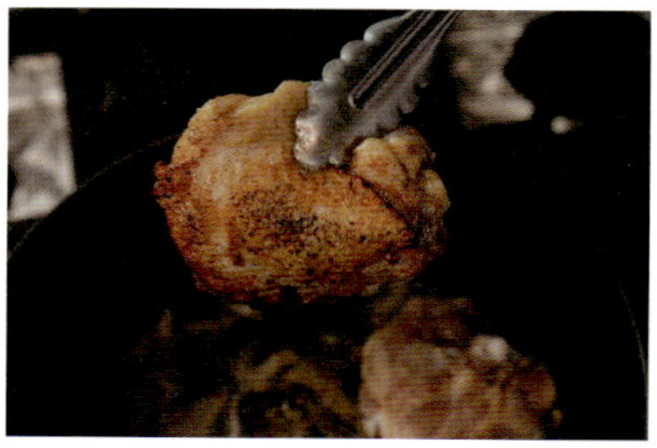

a

b

牛バラ肉のBBQ セントルイス・スタイル

BBQ St.Louis style

Oval 27cm & Round 18cm

本来は、牛や豚の抱えるほど大きな塊肉を、
数時間かけて、スモークをかけながらじっくりローストする。
これは、肉に少しピンク色を残した、
ローストビーフの南部風か。

【材料】 つくりやすい分量

牛バラ肉……1kg
塩……16g（肉の重さの1.6%）
粗挽き黒胡椒……大さじ1
玉ねぎ……2と1/2個

桜のスモークチップ……50g

＜バーベキューソース＞

玉ねぎ……300g
にんにく……3片
セロリ……30g
トマトピューレ……100g
トマトケチャップ……200g
オールスパイス……小さじ1
クローブ（パウダー）……少々
バーボン……50ml
ブラウンシュガー……10g
オリーブオイル……小さじ1
水……100ml
塩……小さじ1

1—— バーベキューソースをつくる。野菜はすべてみじん切りにする。ラウンド鍋にオリーブオイルとにんにくを入れて中火にかけ、香りが出たら玉ねぎとセロリを入れて炒める。しんなりとしたら、そのほかの材料をすべて入れて混ぜ、15分ほど煮詰め、冷ましておく。サンドウィッチにそのまま塗ったり、チキンライスに入れたりしてもおいしい万能ソースだ。

2—— 牛肉は、まず塩をまぶして少しおいてから、粗挽き黒胡椒をまぶす。ラップを広げたところへ、1のソースの半量を敷き、上に牛肉をのせる。上から残りのソースをかけ（写真a）、ラップで包んで密着させる。漏れないよう、ビニール袋に入れて、冷蔵庫で丸一日、ねかせる。

3—— 翌日。オーバル鍋にくしゃっと丸めたアルミホイルを置いて土台にし、周囲にスモークチップを散らしたところへ、2の牛肉を余分なソースをぬぐってのせる。蓋をして中火にかけ、煙が上がってきたら蓋を少しずらして弱火にし、10分スモーク。肉を裏返してさらに10分スモークして取り出す（b）。

4—— 鍋をきれいにしたところへ、横半分に切った玉ねぎを並べ、3の肉を置く。蓋をして中火に1分ほどかけ、鍋を温めてから、230℃に予熱したオーブンに入れ、20分焼く。オーブンに鍋が収まらない場合は、そのまま直火で20～30分、加熱してもよい。金串を刺して中心まで温まっているのを確認。そのまま落ち着かせ、粗熱が取れたら薄くスライスする。一緒に焼いた玉ねぎと、3でぬぐったソースをひと煮立ちさせ冷ましたものを添える。

a

b

Brazil
Mexico
Argentina

南米——ブラジル／メキシコ／アルゼンチン

肉をさがして三千里……。
抑えきれない好奇心が、南米へと向かわせた。
牛はのびのびと草を食み、
地平線の彼方がかすんで見えた。
下町にある、炭焼きのステーキが自慢の店で牛肉にかぶりつき、
無我夢中で平らげた。
ブエノスアイレスでも牛。
リオデジャネイロでも牛。
飽きるほど食べて、
ラテンアメリカに牛肉への思いを捧げたのだ。

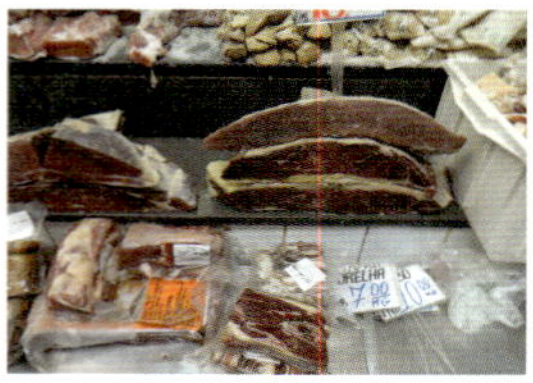

イパネマ・ステーキ

Steak of IPANEMA

ブラジルの市場で印象に残ったのは、牛や豚を塩漬けで保存する文化が根付いていることだった。
だがそれは、煮込み料理に使うのがメイン。
帰国後、塩分濃度や焼き方を試行錯誤して、ステーキにアレンジした。名付けてイパネマ・ステーキ。
今では、MGの看板メニューの一つに育った。

【材料】つくりやすい分量
牛ロース肉（アメリカ産）……500g
赤玉ねぎ……1/2個
ピーマン……４個
トマト……１個
オリーブオイル……大さじ２
塩……６g
粗挽き黒胡椒……大さじ１
炊いたジャスミンライス……適量
フェジョアーダ（P119参照）……適量

1　牛肉に塩を均等にまぶしてから、胡椒も同様にまぶす。ラップに包み、冷蔵庫に半日から２日おく。これ以上、長くおくと、熟成してハムのような風味が出てくる。焼く前に室温に出しておく。

2　野菜をそれぞれ５㎜角に切って混ぜ合わせ、サルサをつくる。塩などの味付けはしない。

3　シャローオーバル ホットプレートにオリーブオイルを入れて熱し、香りが出たら肉を置く。蓋をして弱火で４分焼き、裏返して再び蓋をして２分焼く。火を止めて、蓋を外して６分ほど余熱で火を入れる。塩漬けにして水分が抜けているため、焼き色もつきやすい。

4　肉を切り、サルサ、ジャスミンライス、フェジョアーダとともに盛り付ける。

塩漬け豚と黒豆のフェジョアーダ

Feijoada

Round 24 cm

フェイジョンと呼ばれる、黒いいんげん豆と、
豚の内臓や牛の干し肉を煮込んだ、ブラジルの国民食。
日本の大粒の黒豆でつくったら、
驚くほど甘く、繊細な味わいに仕上がった。

【材料】 つくりやすい分量

豚ほほ肉、豚タン、豚耳……合わせて 700g
牛切り落とし肉……150g
黒豆……200g
玉ねぎ……2 個
にんにく……2 片
トマトピューレ……100g
ラード……大さじ 2
水……1 ℓ
塩……各適量

※豚ほほ肉は豚トロで可。肉の割合は好みでいいが、豚耳がある程度入ると、ゼラチン質が加わり、よりおいしくできる。

1—— 黒豆はたっぷりの水に一晩浸して、もどしておく。豚ほほ肉、豚タンは重量の 1％、豚耳は 1.6％の塩をまぶし、ラップに包んで冷蔵庫に一晩おく。

2—— 1 の肉類は豆に合わせて 1.5 ～ 2㎝ 角に切る。牛肉にはひとつまみの塩をする。玉ねぎ、にんにくはみじん切りにする。

3—— 鍋にラードとにんにくを入れて中火にかけ、にんにくを炒めて香りが出たら、玉ねぎを入れて軽く塩をして炒める。しんなりとしたら、牛肉を入れてざっと合わせ（写真 a）、豚ほほ、タン、耳も入れて軽く炒める。

4—— 水をきった黒豆を入れ（b）、ざっくりと混ぜたら水、トマトピューレを入れて混ぜ（c）、軽く塩をする。沸いたら蓋をして弱火にかけ、2 時間を目安に肉と豆が柔らかくなるまで煮込む。途中、煮詰まったら水を足す。味をみて、塩で調える。

a

b

c

蟹のムケカ

Moqueca

B raiser 24cm

海老や蟹などを具にした、ブラジル流の海鮮シチュー。
パームオイルやココナッツミルクを入れたコクのあるタイプや、
ココナッツミルクを入れず、オリーブオイルでさらりと仕上げるものがある。
ここでは蟹を使って、両方のいいとこどり。

【材料】 つくりやすい分量

ずわい蟹のむき身（棒肉、ほぐし身）……各 300g
玉ねぎ……２個
にんにく……１片
セロリ……50g
パプリカ（赤）……1/2 個
トマト……３個
香菜（葉を摘んだもの）……30g
香菜の茎と根の部分……２枝分
白ワイン……500ml
カロチーノ……小さじ１
オリーブオイル……大さじ２
炊いたジャスミンライス……適量
ファロッファ……適量
塩……適量

※カロチーノ（写真右）はアブラヤシからつくる赤いパームオイルでマレーシア産。ブラジルでは風味のもっと強いデンデオイルが使われるが、入手にしくいので、こちらで代用した。
※ファロッファは、このムケカやフェジョアーダなど、煮込み料理を食べるときにかける、マンジョッカ芋（キャッサバ芋）のふりかけ。カロチーノ大さじ１でベーコンのみじん切り 20g を炒めたところへ、マンジョッカ粉（写真左のファリンニャ デ マンジョッカ）大さじ３を入れて、香ばしくなるまで炒める。

1—— 玉ねぎ、にんにく、セロリ、パプリカはみじん切りにする。トマトは角切りにする。

2—— 鍋にオリーブオイルとにんにくを入れて中火にかけ、香りが出たら玉ねぎ、セロリを入れる。軽く塩をして炒め、しんなりとしたらパプリカを入れてさらに炒め、油がなじんだら蟹のほぐし身を入れる（写真 a）。

3—— 軽く炒めてなじんだところで、トマト、白ワインを入れる。沸いたら蓋をして弱火にかけ、野菜がくたっとなるまで 15 分煮たら、香菜の葉の半量と、茎と根の部分をざく切りにして入れる（b）。再び蓋をして、10 分煮る。

4—— 味をみて塩で調えたら、蟹の棒肉を放射状に並べ、蓋をして１～２分蒸らす。カロチーノを回しかけ、粗く刻んだ香菜を添える。器にジャスミンライスとムケカを盛り、ファロッファをかけて混ぜながら食べる。

a

b

鶏もも肉のモレソース

Mole Poblano

B raiser 24cm

スパイシーなチョコレートソース、
と一言で説明のつかないほど、複雑な味わいを持つソース。
僕がメキシコで食べたものには、干した魚も隠し味に使われていた。
さまざまな旨味の重層感のなかで、甘さと辛さが押し引きする。

【材料】 つくりやすい分量

骨付き鶏もも肉……4本（800g）
煮干し、干し海老……各10g
鶏だし……700ml
ラード……大さじ2
塩、黒胡椒……各適量

<モーレスパイス>

煮干し、干し海老、白炒り胡麻、ピーナッツ……各20g
クミンパウダー、チリパウダー……各大さじ4
コリアンダー、パプリカパウダー、カルダモン、
ココアパウダー……各大さじ2
干しぶどう（包丁で叩く）……30g
チョコレート（カカオ分の高いもの）……100g
黒糖（細かく砕く）……20g
ラード……150g
トルティーヤ、ケチャップライス、
赤玉ねぎのスライス、香菜、青唐辛子……各適量

※鶏だしはP44参照。
※モーレスパイスのチリパウダーは、メキシコ産のチレ・ポブラーノを挽いたものを使用。辛みや甘みのニュアンスが通常の唐辛子とはまったく違い、スパイスの味の決め手になる。輸入食材店やインターネットで入手可能。

1—— 鶏肉は8gの塩と胡椒をまぶす。鍋にラードを入れて中火で熱し、鶏肉の皮目を下にして、パリッとするまで焼いて取り出す。

2—— 鍋に残った脂を拭いて鶏肉を戻し、鶏だし、水300ml（分量外）、煮干し、干し海老を入れ、蓋をして中火にかける（写真a）。沸いたら弱火にして、2時間を目安に煮込み、煮干しは取り出す。

3—— モーレスパイスをつくる。煮干し、干し海老、胡麻、ピーナッツをミキサーにかけて細かく粉砕する。

4—— 別鍋にラードを入れて中火で熱し、3とパウダースパイス類を入れて焦がさないように炒める。香りが出たら、干しぶどうと刻んだチョコレートを入れてさらに炒める（b）。2の煮汁を適量加えてゆるくのばしたら、ミキサーにかけてなめらかにし、黒糖を入れてさらになめらかなペースト状にする。

5—— 2の煮汁に、4を少しずつ入れて溶かし込む（c）。鶏肉を1本取り出すと作業しやすい。10分ほど煮て味をなじませ、塩で調える。器に鶏肉、トルティーヤ、ケチャップで炒めたジャスミンライス、赤玉ねぎと香菜、青唐辛子を盛る。トルティーヤですべてを包んで食べる。

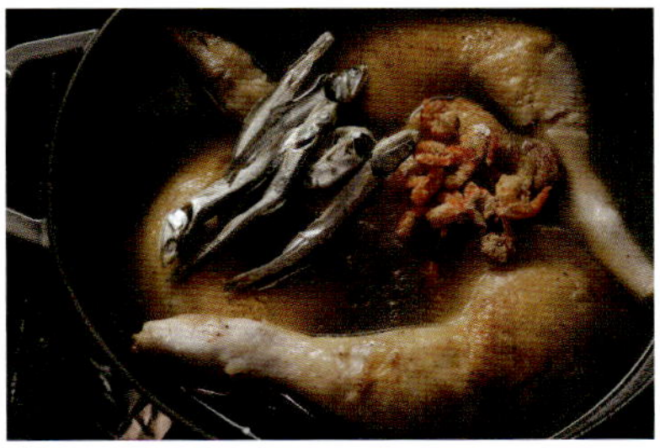

a

b

c

STAUB

いろいろな肉のミックスグリル

Parrillada

Pure grill 26 cm

世界有数の広大な放牧地で、のんびりと草をはむ牛。
がっしりと噛みごたえのある肉。
牛肉が主食と言われる国で愛されているのが、
肉のいろいろな部位を網焼きにしたパリジャーダ。
遥かなる草原の風を、思い出しながら。

【材料】 つくりやすい分量

牛もも肉……400g
牛ハツ（心臓）……130g
牛マメ（腎臓）……100g
子羊肩肉……400g
骨付き鶏もも肉…… 1本
生ソーセージ…… 2本
エルブ ド プロヴァンス……小さじ2
クミンパウダー……少々
オリーブオイル……大さじ1
塩……適量

＜チミチュリソース＞
パプリカ（赤）、かぶ、ズッキーニ、なす、にんじん、
紅芯大根……各50g
ドライトマト……20g
アンチョビペースト……小さじ1
バジルの葉……10枚
カイエンヌペッパー……少々
塩……少々

1—— チミチュリソースの野菜、ドライトマト、バジルはすべてみじん切りにして、そのほかの材料と混ぜ合わせる。つくりたてでも、1日おいてしんなりさせてもおいしい。本来はペースト状だが、野菜の食感を生かして。

2—— 肉類は、グリルパンでは蓋をして焼くことができないので、ステーキなどよりも薄くする。牛もも肉や羊肉は、1㎝強の厚みに切る。鶏肉は関節から半分に切る。生ソーセージをのぞいたすべての肉に、重量の1.2%の塩をまぶす。さらに牛マメにはクミンパウダーをまぶし、その他の肉にはエルブ ド プロヴァンスをまぶす。現地では使わないが、草を食べて育つ牛のイメージで。焼く前に、オリーブオイルを全体にからめる。

3—— ピュアグリルを中火にかけて、しっかりと熱したところへ火の通りが早い牛マメ以外の肉を並べる。ぎっしりとのるので、はじめは肉が重なっていてもよい（写真a）。まずは赤身肉と内臓を意識して焼き、両面がこんがりと焼けたら、バットなどにいったん取り出す（b）。

4—— 隙間ができたところで牛マメも焼いて取り出す。骨付きの鶏肉は時間がかかるので最初から最後までグリルにのせたまま。ソーセージは破裂しやすいので転がしながら焼く（c）。グリルの底に脂が溜まったら、ペーパーで拭き取る。

5—— 鶏肉に8～9割ほど火が通ったところで、取り出しておいた肉を戻して仕上げ焼きをする。焼いて多少、縮んだのでちょうど収まる。肉の表面に、うっすらと血が滲んできたら、火が通ったサイン。適当に切り分け、チミチュリソースを添える。

a

b

c

ストウブのはなし

STAUB

本書で使用した鍋の紹介と併せて、
ストウブの構造や特徴、取り扱いについて説明します。

定番はピコ・ココット

ストウブを代表する鍋といえば、ピコ・ココットのシリーズ。丸型のラウンドと楕円形のオーバルがあり、サイズはラウンドが 10㎝と、14㎝から2㎝刻みで 24㎝まで。オーバルは 11㎝、15㎝、17㎝、23㎝、27㎝とサイズも豊富。色も定番のブラック、グレー、チェリーなどのほかに、新色も続々と発表されています。

本書では大きなサイズが中心

大きな鍋でたっぷりとつくった料理のおいしさは格別。この本では、ピコ・ココットのラウンド 24㎝、オーバル 27㎝と、それぞれ大きなサイズを中心に、レシピにより、ラウンド 14㎝、18㎝も使っています。それぞれのレシピに使用した鍋を明記しているので参考に。レシピ通りの形、サイズでなければいけない、という決まりはありませんが、ラウンド 24㎝とオーバル 27㎝では、ラウンド 24㎝のほうが 600ml 容量が大きいため、ラウンド 24㎝を使用したレシピをオーバル 27㎝でつくる場合には、料理によっては食材や調味料が入りきらないこともあるので、分量全体を 2 割ほど減らすなどの調整が必要です。

※ツヴィリング J.A. ヘンケルス ジャパン公式オンラインショップ（P128 参照）では、業務用サイズのラウンドで 34㎝まで、オーバルは 41㎝までのサイズも販売しています。

優れもののブレイザー

ピコ・ココットと並んで、本書で多用しているのが、ブレイザー。フライパンと同様に肉や魚を焼いたり炒めるときには、ピコ・ココットより高さがない分、熱の回りも早く、作業性に優れています。焼いてから、そのまま煮込むといったときにも便利。スモークチップを入れて燻製づくりにも使用しています。ブレイザーを使ったレシピをピコ・ココットでつくっても、もちろん大丈夫。

多彩なラインナップ

さまざまなアイテムが揃うストウブ。本書ではほかにピュアグリル、タジン、シャローオーバル ホットプレート、スクエアディナープレートを使用しました。定番製品と同様、すべて厚手の鋳鉄製。熱伝導、保温性、保冷性、保湿性に優れています。直火やオーブン、ＩＨなど、あらゆる熱源に対応しますが、電子レンジだけは不可なので注意を。またストウブでは、ピュアグリル使用時に引く油として、サラダ油、ひまわり油、胡麻油、ピーナッツ油、大豆油、菜種油、キャノーラ油、ココナッツオイル、ギー（精製バター）を推奨しています。

ピコとシステラ

ピコ・ココットの蓋の裏に並んだ小さな突起「ピコ」は、ストウブの特徴である、セルフ・ベイスティング・システムの肝心要。食材から出た水分を蒸気に変えて鍋内で循環させ、その蒸気が「ピコ」を伝って再び食材に降り注ぐことで、食材をしっとりと保ち、旨味を最大限に引き出す効果があります。ブレイザーの蓋裏についたブーメラン型の突起「システラ」も同じ役目。調理中に蓋を開けて、蓋にしずくが溜まっていたときも、シンクに落とさず、鍋のなかに戻してあげること。

手入れは優しく

ストウブの表面には、独自のエマイユ（ホーロー）加工、鍋の内部には黒マットエマイユ加工が施されています。黒マットエマイユ加工の表面には細かな凸凹があり、ザラっとした感触。これにより、食材との接着面が少なくなり、焦げ付きにくくなるのです。丈夫で耐久性に優れた鍋ですが、使い終わって洗うときには、金属製のたわしなどは使わず、スポンジで優しく洗うこと。洗い終わったら、しっかりと水気を拭き取り、完全に乾いてからしまうよう、心がけを。丁寧に扱えば、一生ものの鍋になります。

◆ 詳細は下記のストウブ HP を
http://www.staub.jp/

（写真下から時計回りに）シェフ 和知 徹／調理補助
林 佳佑／サービス 内田将彰／マネージャー 平井美
也子／セカンドシェフ 下釜圭輔／サービス 塩田郁乃

和知 徹 Toru Wachi

1967年、兵庫県淡路島生まれ。辻調理師専門学校へ入学した翌年に同校のフランス校で研修。その後、ブルゴーニュの一つ星「ランパール」で研修する。卒業後、「レストランひらまつ」に入社。在職中にパリ「ヴィヴァロワ」で研修し、帰国後はひらまつ系列の飯倉片町「アポリネール」の料理長に就任。退職後の98年、銀座「グレープガンボ」でオープン時から3年間、料理長を務める。01年に自身の店「マルディ グラ」をオープン。フランス料理にとどまらず、世界各国の料理を独自のフィルターに通した「和知料理」に定評がある。特に肉料理のスペシャリストとして、雑誌、テレビ等の取材、セミナーも多数こなすほか、カフェのメニュープロデュースも手掛ける。毎年、テーマを決めた旅に出て、そこでの経験を料理にフィードバックするのがライフワーク。無類の本と音楽好き。本書では器もすべて私物を使い、セルフスタイリングしている。

料理&スタイリング ———— 和知 徹
文・編集 ———— 鹿野真砂美
撮影 ———— 合田昌弘
デザイン ———— 椎名麻美

撮影協力 ———— ストウブ（ツヴィリング J.A. ヘンケルス ジャパン）
デニオ総合研究所
校正 ———— 株式会社円水社
編集部 ———— 川崎阿久里

銀座マルディ グラのストウブ・レシピ
和知 徹シェフのワールド・ビストロ料理

発行日 2015年 9 月25日 初版第1刷発行
2021年 4 月30日 第4刷発行

著者 ———— 和知 徹
発行者 ———— 竹間 勉
発行 ———— 世界文化ブックス
発行・発売 ———— 株式会社世界文化社
〒102-8195
東京都千代田区九段北 4-2-29
編集部 電話 03(3262)5129
販売部 電話 03(3262)5115
印刷・製本 ———— 共同印刷株式会社

ISBN978-4-418-15321-3